# 中国儿童现状调查

陈立钧
杨大力
任　强／著

CHILDREN

THE STATE OF CHILDREN IN CHINA

社会科学文献出版社
SOCIAL SCIENCES ACADEMIC PRESS (CHINA)

图书在版编目(CIP)数据

中国儿童现状调查 / 陈立钧，杨大力，任强著. --
北京：社会科学文献出版社，2016.11
ISBN 978-7-5097-9554-5

Ⅰ. ①中… Ⅱ. ①陈… ②杨… ③任… Ⅲ. ①儿童-
生活状况-调查报告-中国 Ⅳ. ①D432.7

中国版本图书馆CIP数据核字（2016）第193367号

中国儿童现状调查

著　　者 / 陈立钧　杨大力　任　强

出 版 人 / 谢寿光
项目统筹 / 杨桂凤
责任编辑 / 杨桂凤

出　　版 / 社会科学文献出版社 · 社会学编辑部（010）59367159
地址：北京市北三环中路甲29号院华龙大厦　邮编：100029
网址：www.ssap.com.cn
发　　行 / 市场营销中心（010）59367081　59367018
印　　装 / 三河市尚艺印装有限公司

规　　格 / 开　本：787mm×1092mm　1/16
印　张：10.5　字　数：145千字
版　　次 / 2016年11月第1版　2016年11月第1次印刷
书　　号 / ISBN 978-7-5097-9554-5
定　　价 / 49.00元

本书如有印装质量问题，请与读者服务中心（010-59367028）联系

# 作者简介

陈立钧，博士，芝加哥大学 Chapin Hall 研究中心高级研究员；主要研究内容包括发达国家和发展中国家弱势儿童的发展状况与老龄人口健康情况，以及对儿童和老年福利政策与项目的分析和评估；擅长对纵向调查数据进行统计模型分析，曾主持对美国和中国多项统计调查数据的分析工作，考察个人、家庭和社会环境因素对儿童和老年人口发展的影响。在《社会服务评论》（*Social Service Review*）与《儿童和青少年服务评论》（*Children and Youth Service Review*）等学术期刊上发表多篇学术论文。

杨大利，博士，芝加哥大学政治学系 William Claude Reavis 讲席教授，曾兼任芝加哥大学北京中心创始主任，现任校长全球事务高级顾问。有关杨大利教授的更多信息，请访问 https://daliyang.org/。

任强，博士，北京大学社会研究中心副教授、北京大学中国社会科学调查中心副主任；研究兴趣包括环境与健康、儿童发展，以及与生育、死亡、劳动力、住房、出生性别比等相关的人口问题。目前作为负责人之一主要参与“中国家庭追踪调查”项目。在儿童碘缺乏病控制方面有突出学术贡献，2003 年获得美国儿科学会杰出成就奖。

# 致　谢

在撰写本书的过程中，我们有幸获得了 Chapin Hall 研究中心和芝加哥大学合作研究基金的支持（项目号 2014－003“中国儿童状况”）。我们非常感谢北京大学中国社会科学调查中心提供中国家庭追踪调查 2010 年数据。此外，还要感谢芝加哥大学孔子学院给予的经费支持。

感谢 Chapin Hall 高级研究员 Fred Wulczyn 在整个研究过程中所给予的指导和建议。没有他的帮助，我们很难完成这项研究。感谢张尹霞和王媛琪在数据分析和文献回顾方面所做的出色的研究助理工作。北京大学的李汪洋和李兰承担了本书中文版的翻译工作，在此表示感谢。

本研究的初步结果曾在 2015 年 7 月芝加哥大学北京中心举办的“中国儿童发展状况专题研讨会”上发表。感谢芝加哥大学北京中心及其工作人员全力提供的协助。感谢研讨会的所有参与者，特别是犹他大学的文鸣、中国发展研究基金会的杜智鑫、北京师范大学的林丹华给出的宝贵建议和帮助。

# 目录 Contents

# 第1章　导言

## 研究意义

根据2010年第六次全国人口普查数据，中国0~14岁儿童人口为22260万，占全国总人口（不包括香港、澳门、台湾）的16.6%（中华人民共和国国家统计局，2011）。自20世纪80年代初期以来，伴随着快速的工业化、大规模的城市化以及严格的计划生育政策，中国儿童的生活条件和环境发生了巨大的变化（参见World Bank，2015a）。

一方面，由于工业化和经济发展，中国儿童的生活条件和身体健康水平在整体上有了显著的提高，对农村儿童来说更是如此，他们的父母可以流动到城市，从事工业或服务业工作，获得了农业以外的收入（国务院妇女儿童工作委员会办公室、国家统计局社会科技和文化产业统计司、联合国儿童基金会，2014）。此外，中国的计划生育政策要求一对城市夫妇只能生育一个孩子、一对农村夫妇最多生育两个孩子，这样一来，家庭规模不断变小。这在一定程度上使独生子女获得了更多的经济资源和情感关注，是全家的“小皇帝”（Rosenzweig & Zhang，2009）。

另一方面，近年来经济发展的区域不平衡对儿童福祉提出了严峻的挑战，特别是对农村儿童。主要有如下四项挑战。第一，这一时期经济发展的城乡差距依然存在，甚至还进一步扩大了。

城市居民人均可支配收入是农村居民人均纯收入的3倍（中华人民共和国国家统计局，2011）。2012年，中国仍有1.28亿人口（主要是农村居民）人均年收入不到2300元（即每人每天1.6美元）（中国科学院，2012）。城乡之间的收入差距导致儿童照料和教育资源上的城乡不平等。第二，大量研究发现流动儿童存在发展上的劣势（王瑞敏、邹泓，2010）。许多城市对流动人口采取排斥性导向的政策和措施，导致流动儿童在进入当地公立学校学习和获取其他公共服务上面临许多困难（Chan，2009）。大多数流动人口的收入水平低、居住环境差、住房不稳定，这些因素都使得他们的孩子与城市儿童相比处于劣势。第三，排斥性政策迫使有未成年子女的流动农民工选择将子女留在农村。2010年中国留守儿童有6100万，占儿童总数的22%（国务院妇女儿童工作委员会办公室、国家统计局社会科技和文化产业统计司、联合国儿童基金会，2014）。已有的研究表明，父母长期缺位有可能对孩子的心理、社会和认知能力发展产生负面影响，最终导致诸如自卑、抑郁、缺乏学习动力等一系列后果（Wen & Lin，2012；Xiang，2007）。由于缺乏适当的成人监护，留守儿童更容易受到伤害（Chen，Huang，Rozelle，Shi，& Zhang，2009）。第四，部分农村地区的政策和措施（主要是学校合并政策）进一步加剧了农村儿童的困境。学校合并致使那些生活在边远地区的孩子更难获得受教育的机会。

中国儿童——特别是留守儿童和流动儿童——的发展状况一直受到政府和社会的热切关注。已有一系列关于农村儿童生活困境的新闻报道。除了媒体，国内外社会组织和学者还开展了大量学术研究和调查，来关注中国儿童的社会经济条件和发展状况。他们给出了相应的政策建议，旨在缩小城乡差距、提高儿童福祉（Xiang，2007；全国妇联课题组，2013；新公民计划，2014；邹泓、屈智勇、张秋凌，2005）。

尽管已有大量关于中国儿童的研究，但大多数研究关注的是儿童发展有限的几个方面，并没有给出中国儿童的总体状况。比如，在儿童福祉方面，政府报告通常只涉及几项指标，诸如婴儿死亡率、身体健康情况、学校注册人数，但是缺少包括自尊、幸福感等在内的社会－情感福祉和其他主观幸福感的指标。此外，大多数研究使用的数据并不具有全国代表性，往往是针对某地区或一定年龄组的调查。因此，这些研究无法反映全国儿童人口的总体状况。

本研究正是基于一个有全国代表性的调查，旨在反映当今中国儿童的总体状况。在本书中，我们将涵盖儿童发展的所有重要领域，包括儿童的身体健康、心理健康和社会－情感福祉、教育获得与认知能力发展。本书还重点比较了城市儿童和农村儿童、分居住类型的儿童（如留守儿童和流动儿童）在发展上的差异。同时，家庭和社会环境的差异也是我们关注的一点，例如，不同的家庭和社会环境可能导致儿童成长具有不同的轨迹。

基于本项研究，我们致力于发现中国儿童人口中最弱势的群体以及他们的发展困境。通过努力寻找这些孩子所在社会环境中的危害和保护性因素，我们希望帮助政府机构和其他有关部门出台有针对性的措施、实施有针对性的项目来提升儿童的福祉。

## 儿童福祉的多重环境

儿童发展领域的研究早已指出，生活环境和养育关系对儿童的健康成长至关重要（Bronfenbrenner，1979；Shonkoff & Phillips，2000）。儿童在家庭、同辈群体、学校和社区等多重环境中的早期成长经历，将对他们之后的发展和福祉产生深远的影响。具体来说，儿童在婴幼儿时期的大部分时间都是同父母或家中其他的照料者度过的。因此，除了家庭的经济资源外，儿童与照料者之间良好的抚育关系、能够促进孩子认知能力发展的家庭环境对儿童的社会和认知能力发展来说是必不可少的（Conger，Conger，& Martin，2010）。同样，托幼机构和学校也是儿童学习重要的社会情感能力与科学知识的主要场所（Durlak，Weissberg，Dymnicki，Taylor，& Schellinger，2011；Reynolds，Temple，& Ou，2011）。儿童在学校中学到的技能有助于他们在长大后成为社会的有用之才。最后一个学习社会交往的场所就是社区。社区的社会规范、集体效能、安全性、贫困程度和社会服务设施的可获得性等，是儿童和照料者的福祉的重要影响因素（Sampson，2003）。

由于生活环境之间存在紧密的联系，社会经济地位较低的儿童通常面临多重劣势。如果缺乏有效的政策干预，有害的环境将对儿童短期内的发展及长期的福祉产生恶劣的影响。因此，本研究的目的之一就是探讨社会环境的多个方面（比如，家庭功能、社区质量）如何导致儿童发展的困境。我们还特别关注儿童福祉的城乡差异，描述农村儿童——尤其是留守儿童和流动儿童——与城市儿童相比在成长和发展上的不足。此外，我们通过探讨儿童成长的家庭和社会环境，来揭示儿童福祉城乡差异的多种影响因素。

## 数据和方法

本研究使用的是中国家庭追踪调查（China Family Panel Studies，CFPS）2010 年的基线调查数据。CFPS 由北京大学中国社会科学调查中心设计和实施，是一个全国性、综合性的社会追踪调查项目，2010 年的样本家户近 15000 户。[①] CFPS 采取内隐分层的三阶段抽样，共抽取了超过 600 个村/居委会。在每一个村/居委会

① 调查对象不包括海南省、内蒙古自治区、宁夏回族自治区、新疆维吾尔自治区、青海省和西藏自治区。其中有 4 个省/自治区属于偏远地区，海南省位于南中国海域，属于偏远地区。这些省/自治区的人口仅占全国总人口（不含港、澳、台）的 5%。

中，随机抽取 25 个家户（参见谢宇、邱泽奇、吕萍，2012）。CFPS 收集了样本社区和样本家户中所有成员的信息，包括家庭中的流动人口。2010 年，CFPS 最终回收了 8990 份 0 ~ 15 岁儿童问卷，其中，所有 0 ~ 9 岁儿童都由最主要的照料者或父母代答问卷，10 ~ 15 岁儿童还有自答问卷。儿童问卷涉及儿童福祉的重要方面，包括身体健康、社会 - 情感福祉、认知能力发展和教育获得。社区和家庭背景则包括家庭条件、贫困程度、父母的受教育程度和就业情况、管教方式、社区环境，以及其他方面的信息。这为我们掌握中国儿童成长和发展的总体状况提供了强有力的数据支持。

由于抽样设计的复杂性和儿童样本的过度抽样，2010 年 CFPS 提供了经过抽样设计、无回答调整、事后分层调整的权数（吕萍、谢宇，2013）。为了能够如实反映中国儿童的总体状况，我们在数据分析时进行了加权处理。本书使用的统计软件是 Stata/SE 12（Stata Corp.，2013）。

本书包含不同社会和家庭环境下儿童福祉的多个方面及其相关关系的单变量与双变量分析结果。此外，我们还采用了多元线性回归和逻辑斯蒂（Logistic）回归模型，来检验人口学特征和不同环境因素对儿童福祉的独立效应。

表 1 - 1 给出的是分城乡儿童的人口学特征。如表 1 - 1 所示，26.9% 的受访儿童生活在城市。我们的估计值远远低于国家统计局的数据，即城市人口已经占到一半。原因之一是城乡统计口径不同。在本书中，根据调查中社区干部回答该社区是村委会还是居委会来划分城乡；国家统计局的城乡划分则是基于多项社会和经济指标。不过，我们的估计值与儿童的户口分布相吻合，这是因为我们的城市儿童包括了大多数有城市户口的儿童（24.1%），并剔除了大多数有农村户口的儿童。根据居住类型、父母是否在家和社区性质，我们进一步将受访儿童划分为五类：农村完整家庭的儿童（父母在婚且都在家）、城市完整家庭的儿童（父母在婚且都在家）、留守儿童（父母在婚但至少有一方不在家）、流动儿童

表 1－1　中国城市和农村儿童的人口学特征（$N=8990$）

| 特征 | 农村 | | 城市 | | 总计 | |
|---|---|---|---|---|---|---|
| | % | 样本量 | % | 样本量 | % | 样本量 |
| 总体 | 73.1 | 6795 | 26.9 | 2195 | 100.0 | 8990 |
| 年龄 | | | | | | |
| 0～5 岁 | 37.0 | 2526 | 34.1 | 817 | 36.2 | 3343 |
| 5～10 岁 | 31.2 | 2068 | 31.8 | 681 | 31.4 | 2749 |
| 10～15 岁 | 31.8 | 2201 | 34.1 | 697 | 32.4 | 2898 |
| 性别* | | | | | | |
| 女孩 | 45.1 | 3189 | 47.4 | 1049 | 45.7 | 4238 |
| 男孩 | 54.9 | 3606 | 52.6 | 1146 | 54.3 | 4752 |
| 民族* | | | | | | |
| 少数民族 | 19.1 | 940 | 9.9 | 188 | 16.6 | 1128 |
| 汉族 | 80.9 | 5855 | 90.1 | 2007 | 83.4 | 7862 |
| 户口* | | | | | | |
| 城市户口 | 7.6 | 584 | 69.0 | 1533 | 24.1 | 2117 |
| 农村户口 | 92.4 | 6211 | 30.9 | 662 | 75.9 | 6873 |
| 父母是否在家* | | | | | | |
| 父母均不在家 | 15.0 | 1001 | 7.9 | 174 | 13.1 | 1175 |
| 父母有一方在家 | 15.5 | 1126 | 12.7 | 268 | 14.8 | 1394 |
| 父母双方都在家 | 69.5 | 4668 | 79.4 | 1753 | 72.1 | 6421 |
| 居住类型* | | | | | | |
| 农村完整家庭 | 67.1 | 4494 | 0 | 0 | 49.0 | 4494 |
| 城市完整家庭 | 0 | 0 | 66.6 | 1463 | 17.9 | 1463 |
| 留守儿童家庭 | 24.8 | 1744 | 12.0 | 265 | 21.4 | 2009 |
| 流动儿童家庭 | 3.7 | 273 | 15.4 | 344 | 6.8 | 617 |
| 单亲/孤儿家庭 | 4.4 | 284 | 6.0 | 123 | 4.8 | 407 |
| 合计 | 100.0 | 6795 | 100.0 | 2195 | 100.0 | 8990 |

* $p<0.05$，基于皮尔逊卡方统计量的检验。表中的百分比是经过加权的；计数没有加权。

资料来源：CFPS 2010 年基线调查数据。

(父母在婚)、单亲/孤儿家庭的儿童（父母离异，或父母一方或双方去世，或情况不明）。结果发现，67.1% 的儿童生活在农村完整家庭。留守儿童集中在农村地区，他们父母中的一方或双方离开家乡流动到城市工作。留守儿童规模为 4900 万，占儿童总人口的 21.4%。[①] 流动儿童指的是和父母住在一起但没有当地户口的孩子。他们之所以被称为流动儿童，最主要的原因是，他们的父母为了找工作带着他们一起流动到目前的城市地区。分析结果显示，超过 1600 万名儿童跟随他们的父母来到新的社区，占儿童总人口的 6.8%。[②] 在流动儿童中，有 60% 的儿童居住在城市地区，其余的人生活在农村地区。最后一类儿童是单亲/孤儿家庭的儿童，占比为 4.8%。其中，约 2/3 单亲/孤儿家庭的儿童生活在农村地区。

## 本书结构

本书分为 9 章。第 1 章是导言。第 2 章概括了国家环境和政策背景，包括户籍制度、城市化进程、计划生育政策、学校合并政策，以及它们对儿童福祉的影响。从第 3 章到第 6 章，我们分城乡、居住类型讨论了儿童福祉的不同方面。第 3 章关注的是儿童的经济福祉，即家庭贫困程度和生活条件。第 4 章是儿童的身体健康情况，主要涉及低出生体重儿、生病和住院治疗、超重和肥胖等。第 5 章是儿童的心理健康和社会－情感福祉，涉及幸福感、抑郁、

① 根据国家统计局的报告（2015），2010 年人口普查中 0 ~ 17 岁留守儿童共有 6973 万，占儿童总人口的近 25%。如果算上单亲家庭中父或母流动到城市工作的儿童，我们的估计值十分接近普查数据。

② 2010 年第六次全国人口普查数据显示，0 ~ 17 岁流动儿童规模为 3581 万，占儿童总人口的 12%（参见 Duan, Lu, Wang, & Guo, 2013）。如果我们剔除那些在本县内流动的儿童（38%）或 16 岁及以上的儿童，流动儿童的总数将接近 1700 万，和 CFPS 的估计值基本一致。遗憾的是，由于 CFPS 数据并没有提供充分的流动儿童信息，我们无法判断儿童是否在本县内流动。

自尊、社会交往能力和好朋友数量。第6章涉及的是儿童的教育获得与认知能力发展。这一章报告的是农村儿童和城市儿童入园/入托率，以及他们的学习表现、词汇测试得分和数学测试得分、学校满意度。第7章的主题是家庭和社会环境，包括家庭结构、管教方式和社区环境。在第8章中，我们采用多元回归统计模型来估计家庭和社会环境对儿童发展各方面的影响。第9章总结了主要的研究发现，以及它们对提升中国儿童福祉的政策意义。

# 第2章　国家环境和政策背景

尽管儿童福祉和发展是一个人们普遍关注的问题，但是每个国家面临特定背景（包括不同的文化和政治环境）下的挑战不同。在中国，最重要的社会背景莫过于户籍制度和计划生育政策，它们对中国的儿童发展提出了挑战。具体而言体现在如下几个方面。

## 城乡分化和户籍制度

在中央计划政策得以全面执行的20世纪50年代后期，中国政府建立了户口制度，将居民划分为城市非农业人口和农村农业人口。人们能否获得教育、就业、医疗等公共服务和社会福利与他们的户口性质密切相关，这导致城市居民和农村居民的分化（Chan & Zhang，1999；Wang，2005，2010）。城市居民有权享受很多社会、经济和文化福利，农村居民却无法享有，似乎成了下等阶层。这最终导致城乡居民的收入差距，并为农村人口的居住和社会流动设置了难以逾越的壁垒。

在这一背景下，以户口为基础的管制体系在很大程度上限制了农村流动人口享受城市地区的公共服务和社会福利，包括教育、医疗、养老福利和人身保险。尽管他们可以自由地在城市找工作，但是不可能获得城市永久居留权，获得和城市居民一样的权利，平等地享受公共服务和社会福利。他们的孩子进入城市的公立学校学习非常困难，常常不得不留在农村。即便有些地区的流动人口数量早已超过当地人口，而且对推动当地经济发展做出了极大的贡献，公共资源的分配仍然只限于有当地户口的人（Xiang，2007）。

由于相应的社会问题激增，1990 年以来不断改革户口制度。20 世纪 90 年代推行暂住证制度，使流动农民工获得了在城市合法工作的权利。自 2001 年开始，由于大量农村人口转移到城市以及他们对城市经济做出了巨大贡献，各地政府采取了不同的改革措施，进一步减弱了户口制度的作用，但是户口制度并没有从根本上改变。户口依然是中国城乡发展不平等的重要影响因素（Chan & Buckingham，2008）。2014 年 12 月 4 日，国务院法制办公室制定《居住证暂行条例（草案）》，提议建制镇和小城市废除户口制度。目前，《居住证暂行条例（草案）》仍在执行过程中，其影响还有待观察。

## 城市化驱动力、流动人口和农村家庭结构

尽管户口制度导致城乡分化严重，但是整个中国社会在过去 20 年间经历了快速的工业化和城市化进程。根据国家统计局的数据，截至 2013 年底，53.7% 的人口居住在城市地区，而 1990 年城市地区的人口仅占 26.0%。其主要原因是大量农村劳动力转移到城市（Ren，2013）。[①] 不过，由于上文提到的户口壁垒，极少有流动农民工可以获得城市户口，享受相应的公共服务和社会福利，比如，政府提供住房、负担孩子的教育费用（Chan & Buckingham，2008）。除了制度性歧视以外，农村人口还受到文化的、个人的歧视，常常被城市人看不起（Jin，Wen，Fan，& Wang，2012）。因

① 除了大规模的人口流动外，城市人口剧增的另一个主要原因是中心城市周边的许多农村地区和一些农村乡镇重新被划为城市（详见 Ren，2013）。

此，绝大多数流动农民工和他们的家庭很难在城市定居。国家统计局的数据显示，2014 年共有 1.68 亿农村人口转移到城市，其中 1.3 亿人是独自到城市工作，仅有 3500 万人属于举家迁移（国家统计局，2015）。后果之一就是，许多女性和小孩被留在农村，家庭分离成为农村地区普遍存在的现象（郭于华、黄斌欢，2014；马瑞、徐志刚、仇焕广、白军飞，2011；Ye，Wang，Wu，He，& Liu，2013；张果、曾永明，2013）。

在这种背景下，流动农民工的孩子——无论是流动儿童还是留守儿童——处于非常不利的地位。全国妇联课题组的数据显示，截至 2010 年底，中国 0~17 岁的流动儿童人口规模为 3580 万（全国妇联课题组，2013）。流动儿童在城市中面临许多制度上和文化上的限制，最重要的就是教育上的限制。总的来讲，他们几乎不可能就读于当地的公立学校（Pong，2014）。一种例外的情况是，向当地公立学校支付赞助费，但这笔钱是大多数流动农民工家庭无法负担的。即便有能力支付赞助费，流动儿童也必须回到户口所在地参加升学考试。但是，儿童学到的很有可能与户口所在地的教学和考试内容完全不同，这使他们很难顺利通过升学考试（丁明秀，2012；Xiang，2007）。除了受教育机会受限外，流动儿童还会遭遇其他方面的问题，包括情感问题（如自卑、孤单）、行为问题（如抽烟、喝酒）和身体健康问题（如传染病流行）（胡宁、方晓义、蔺秀云，2009；罗晓明，2005；张伟源、覃玉宇、吴俊端，2010）。

农村留守儿童同样面临诸多挑战。全国妇联课题组的数据（全国妇联课题组，2013）显示，截至 2010 年底，中国留守儿童人口规模为 6100 万，占儿童总人口的 21.88%。和流动儿童不同，留守儿童面临的最大问题是缺少父母的陪伴。全国妇联课题组的报告（2013）指出，近半数（46.74%）农村留守儿童父母双方外出流动，他们不能与父母中的任何一方一起生活；其中 32.67% 的留守儿童和祖父母一起生活，10.7% 的留守儿童和其他成人（父母的亲戚、朋友）同住，另外3.37%的留守儿童则独自生活。尽管外出务工可以增加家庭收入，但这也导致农村留守儿童缺少父母的支持和监护。作为首要监护人的祖父母大多文化程度较低，体能和精力有限，无法给予孩子充分的教导和照料。因此，留守儿童的学业成绩普遍低于平均水平，面临心理问题、身体健康问题、人口拐卖、性骚扰和其他形式的危险（Chen，Huang，Rozelle，Shi，& Zhang，2009；潘珊，2014；郑磊、吴映雄，2014）。不过，也有一些研究认为，父母外出务工并不一定会对儿童发展产生负面影响，这主要是因为外出务工父母的汇款使家庭经济条件得到改善及父母到城市后逐渐认识到教育的重要性（Ren & Treiman，2016；Wen & Lin，2012；Fan，Su，Gill，& Birmaher，2010）。

总之，父母外出对留守儿童和流动儿童的成长与发展来说是十分重要的影响因素。

## 计划生育政策和家庭结构

除了外出务工，计划生育政策同样对儿童发展有显著影响。大量研究都证明家庭结构和养育方式对儿童发展的重要性。贝克尔（Becker，1981）指出，儿童的数量和质量之间存在显著的负相关，也就是说，低生育率会使人们增加对孩子的投资——更高的教育投入、更长时间的陪伴、更多的情感和经济支持。过去二十多年来，围绕计划生育政策对儿童发展的影响问题发生了激烈的争论。一方面，一些研究支持计划生育政策带来儿童数量-质量权衡的正面效应（Rosenzweig & Zhang，2009）。计划生育政策有助于父母增加对孩子的投资，孩子可获得的资源更多，并最终增进儿童福祉。另一方面，独生子女很可能被溺爱，因为父母将所有的关爱和金钱全部投在一个孩子身上。已有一些研究关注独生子女的心理状态。尽管尚未达成共识，但独生子女被认为可能更加自我、更具依赖性、社会交往能力更差。这些独生子女被称作中国的“小皇帝”（刘云德、王胜今、尹豪、古清中，1988）。

更重要的是，独生子女政策改变了中国的出生性别比。根据国家统计局的数据，中国的出生性别比在 2008 年高达 1.20，即每 100 个新生女婴对应 120 个新生男婴。到 2014 年底，出生性别比为 1.16。可见，独生子女政策导致的选择性堕胎，已经使人口性别结构严重失衡及男性过剩。在农村地区，由于重男轻女观念更为根深蒂固，且胎儿性别筛查更易进行，出生性别比更高。相反，在城市地区，研究发现，女儿从计划生育政策中获益：她们不再需要同兄弟竞争父母的投资，因此享受到前所未有的父母支持（Fong，2002）。

计划生育政策已经实行了四十多年，无论在城市还是在农村，儿童人口都大幅减少。学龄儿童的减少促使许多地区实行学校合并政策。接下来的一节我们将讨论学校合并对儿童福祉的影响。

## 学校合并和农村儿童人口锐减

除了迁移和计划生育政策带来的持续性挑战外，20 世纪初期开始的一项教育改革同样影响了儿童福祉，即 2001 年的“农村中小学布局调整”，也被称为“撤点并校”。这一改革旨在撤销大量农村原有的中小学，使学生集中到部分城市学校。鉴于“撤点并校”对农村儿童教育的消极影响，2012 年这一改革被废止。

这一改革最初是伴随着计划生育政策实施和大量农村劳动力外出务工导致的学龄儿童人口锐减提出的（雷万鹏，2010；万明钢，2009）。通过从“村村办学”变为“集中办学”，对学校资源进行重新布局和集中，优化农村教育资源配置（方亮、刘银，2013；徐国英，2013）。其直接影响十分明显。2000 年，中国农村小学共有44万所，10年后农村小学数量减少了近50%，仅剩23万所（21世纪教育学院，2013）。从正面效应来看，学校合并政策在一定程度上实现了最初的目标。通过集中办学，实现了规模经济，提高了教育效率（范先佐、郭清扬，2009；李盼强、曾尔琴、杨国辉，2012），改善了教育质量，促进了城乡和地区教育发展的平衡（方亮、刘银，2013；马佳宏、卢梅春、李良，2011）。然而，学校合并政策对农村儿童的发展具有负面影响的观点受到了猛烈的抨击。

有关学校合并政策的负面影响的例子很多。最突出的是生活在边远地区的学生的受教育机会受限，农村地区的辍学率上升。许多研究指出，边远地区学生的家庭住所和城市中心学校之间的路程更远，增加了上学的交通费用和安全风险（褚卫中、张玉慧，2012；柯梦圆、徐璐、张秀先，2015；Yi，Zhang，Luo，Shi，Mo，Chen，Brinton，& Rozelle，2012）。研究者认为，这一政策加剧了农村边远地区和城市地区的两极分化，加剧了地区不平等。因此，促进平等的政策目标并没有达到（蔡志良、孔令新，2014；范铭、郝文武，2011；徐国英，2013）。尽管政府开始在全国推行义务教育阶段学杂费全免政策，同时要求中心学校提供校车接送服务，但是入学率并没有显著提高（徐国英，2013）。

此外，政府还提倡兴办寄宿制学校，来解决中心学校和学生家庭住所之间不断增加的路程问题。然而，由于缺乏足够的资金和人力资源，许多寄宿制学校的生活环境不卫生、空间拥挤。而且，由于缺少家长监护和情感支持，这些离开家庭生活的孩子常常出现心理问题（崔多立，2012）。总的来讲，兴办寄宿制学校不仅没有解决上述问题；相反，大量办学资质不达标的寄宿制学校严重影响了学生的身体和心理健康，存在大量的食品安全和生活安全问题（褚卫中、张玉慧，2012；万明钢，2009）。除此之外，学校合并政策还导致中心学校的班级规模过大，无法配备足够的师资和教学设施，这些因素对学校质量而言是至关重要的（方亮、刘银，2013；陶青、卢俊勇，2011）。

持反对意见的人还认为，学校合并政策引发了农村社区的一场文化危机。农村小学的关闭加剧了村庄文化的碎片化，使村庄变得更加贫困和落后（熊春文，2009；赵贞、邬志辉，2015）。总之，学校合并政策对农村儿童（特别是农村边远地区的儿童）的成长和发展的影响是深远的。

# 第3章　经济福祉

经济福祉指的是儿童在切身的生活环境（比如家庭）中可获得的物质资源和条件。尽管儿童家庭的经济状况并不属于儿童发展范畴，但它同样对儿童发展起到十分重要且直接的作用。家庭经济困难和早期物质匮乏不仅不利于儿童的身体健康——最终导致诸如营养失调和发育迟缓等问题，而且通过影响家庭生活和养育方式抑制儿童长期的社会-情感福祉、自控和认知能力发展（Bradley & Corwyn，2002；Hamoudi，Murray，Sorensen，& Fountaine，2014；Linver，Brooks-Gunn，& Kohen，2002；Yeung，Linver，& Brooks-Gunn，2002）。所以，消除贫困是联合国制定的八个千禧年发展目标之一。[①] 尽管中国经济在过去30多年间有了飞速增长，但截至2012年底，仍有一亿人口生活在人均年收入不足2300元[②]的贫困线以下（World Bank，2015a）。更重要的是，极端贫困人口所在的农村地区通常缺少最基本的医疗卫生设施和其他基础设施。

在这一节，我们主要从生活条件这一角度来讨论中国儿童的经济福祉，尤其是那些贫困儿童的经济福祉。此外，我们将进行城乡比较，探讨经济福祉不同方面的城乡不平等程度。最后，我们考察不同居住类型的儿童（包括父母一方或双方外出打工的留

---

① 参见 http://www.un.org/millenniumgoals/，最后访问日期：2016年7月10日。

② 农村人均年收入2300元的贫困线相当于2005年购买力平价（PPP）每人每天1.6美元。参见国家统计局住户调查办公室，2015。

守儿童和随父母迁移到城市的流动儿童）的家庭条件。

如表3－1所示，超过20%的中国儿童生活在人均年收入2300元（2005年购买力平价每人每天1.6美元）的国家贫困线以下。仅有不到半数的儿童的家庭使用自来水、清洁燃料、抽水马桶，并能享受垃圾收集服务（有垃圾回收处）。

**表3－1　2010年中国城乡儿童家庭条件分布，CFPS（$N=8990$，已加权）**

单位：%

| 变量 | 社区类型 | | |
|---|---|---|---|
| | 农村 | 城市 | 总计 |
| 贫困家庭* | 24.4 | 8.9 | 20.2 |
| 居住拥挤 | 20.2 | 16.9 | 19.3 |
| 有自来水* | 41.1 | 90.6 | 45.6 |
| 清洁燃料* | 35.4 | 84.9 | 48.7 |
| 有抽水马桶* | 23.3 | 76.6 | 37.7 |
| 有垃圾回收处* | 22.4 | 89.7 | 40.5 |
| 父亲高中以下文化程度* | 88.2 | 55.3 | 79.4 |
| 母亲高中以下文化程度* | 93.3 | 61.3 | 84.7 |
| 父亲失业或没有工作 | 12.8 | 9.7 | 11.9 |

* $p<0.05$，基于皮尔逊卡方统计量的检验。

与此同时，表3－1显示贫困程度和生活条件的城乡差距显著。只有8.9%的城市儿童属于贫困人口，而农村贫困儿童的比例超过24%。绝大多数农村家庭没有自来水、抽水马桶和垃圾回收处，农村儿童的生活条件明显不如城市儿童。

如表3－1所示，中国儿童父母的受教育程度普遍偏低，79.4%的父亲和84.7%的母亲没有获得高中毕业证。城乡差异同样十分明显，在农村分别有88.2%的父亲和93.3%的母亲没有获得高中毕业证，而在城市这一比例分别为55.3%和61.3%。此外，农村儿童的父亲没有工作的比例（12.8%）略高于城市

(9.7%)。[①]

通过对不同居住类型儿童的比较可知，生活在城市完整家庭的儿童的家庭经济条件和生活水平较高，他们父母的受教育水平也会更高一些（见表3－2）。流动儿童的家庭经济条件尽管不能和城市完整家庭的儿童相比，但明显好于其余三类家庭的儿童：贫困家庭的比例低于农村完整家庭、留守儿童家庭和单亲/孤儿家庭；父母的受教育程度也更高。此外，留守儿童家庭的贫困比例和农村完整家庭相差无几。留守儿童家庭的居住拥挤情况更少，但使用自来水和清洁燃料的比例要低于农村完整家庭。这可能是因为大多数留守儿童家庭处于欠发达的中西部地区。不过，留守儿童的父母高中毕业的比例高于农村完整家庭儿童的父母。这是因为留守儿童的家长普遍更年轻，接受的教育自然更多一些。

**表3－2　2010年分居住类型的中国儿童家庭条件分布，CFPS（*N*＝8990，已加权）**

单位：%

| 变量 | 农村完整家庭 | 城市完整家庭 | 留守儿童家庭 | 流动儿童家庭 | 单亲/孤儿家庭 |
|---|---|---|---|---|---|
| 贫困家庭* | 23.6 | 6.6 | 23.9 | 11.8 | 31.9 |
| 居住拥挤* | 20.9 | 15.7 | 16.6 | 20.1 | 26.9 |
| 有自来水* | 44.3 | 91.3 | 40.0 | 71.8 | 59.8 |
| 清洁燃料* | 39.3 | 85.0 | 33.8 | 72.4 | 42.6 |
| 有抽水马桶* | 24.2 | 76.5 | 26.8 | 64.9 | 39.8 |
| 有垃圾回收处* | 26.1 | 91.5 | 22.1 | 67.2 | 40.7 |
| 父亲高中以下文化程度* | 88.5 | 51.3 | 84.1 | 70.9 | 82.8 |
| 母亲高中以下文化程度* | 93.5 | 58.4 | 89.6 | 75.0 | 85.1 |

* $p<0.05$，基于皮尔逊卡方统计量的检验。

① 这里的没有工作指的是，人们明确表示自己当前没有在工作或失业。由于流动人口和其他雇佣状态不明的人都被视作受雇，我们对失业比例的估计应当是偏低的。

从整体看，单亲/孤儿家庭的儿童是经济弱势群体。其中近1/3 的单亲/孤儿家庭处于贫困状态，贫困比例远远高于城市完整家庭（6.6%）、农村完整家庭（23.6%）和留守儿童家庭（23.9%）。这些家庭的儿童的居住环境更为拥挤。尽管有自来水、清洁燃料、抽水马桶和垃圾回收处的家庭比例较高，但这主要是因为一些单亲/孤儿家庭处在城市地区，更容易获得上述公共服务。

以上研究发现表明，城市和农村的儿童在经济福祉的各个方面都存在显著的差异。对农村儿童而言，父母受教育程度低、失业或未充分就业的比例高、家庭收入少、生活条件差，这些因素导致他们处在非常不利的地位，并给他们的健康带来了潜在的危害。我们还发现，那些来自单亲/孤儿家庭的儿童，无论是在城市地区还是在农村地区，在经济上都是弱势群体。

# 第4章　身体健康状况

身体健康指的是儿童的生理状态，包括身体机能、患病率和住院率、分年龄和性别的身体质量指数（BMI）和生活方式（Moore, Theokas, Lippman, Bloch, Vandivere, & O'Hare, 2008）。健康的身体是儿童成长和发展的基础，对儿童福祉的其他方面将产生深远的影响。包括低出生体重儿、婴儿死亡率、营养失调等在内的健康指标，一直是中国医疗卫生政策和干预项目的着眼点（例如，可参见《中国儿童发展纲要（2011～2020年）》[①]）。官方数据显示，随着医疗卫生服务的普及和生活条件的改善，中国儿童的健康状况在过去半个世纪有了明显的改善（Meng, Xu, Zhang, Qian, Cai, Xin, & Barber, 2012）。

本章基于2010年CFPS基线调查数据分析中国儿童身体健康状况的不同方面。测量指标主要有：低出生体重儿的比率、患病率和住院率、医疗保险覆盖率、体重超重和过低、日常锻炼行为。

低出生体重儿，指出生时体重在2.5公斤（5.5磅）及以下的儿童。鉴于CFPS是通过照料者代答的方式来搜集有关出生体重儿的信息，我们将分析样本限定为2010年0～3岁的婴幼儿，以尽可能降低回忆的误差。表4－1表明，在0～3岁的婴幼儿中，只有8.5%的婴幼儿是低出生体重儿。同样根据照料者的回答，29.8%的儿童在上个月生过病，7.7%的儿童在去年住过院。仅有62.8%的儿童有

---

① 参见《中国儿童发展纲要（2011～2020年）》，http://www.gov.cn/zwgk/2011－08/08/content_1920457.htm。

医疗保险（以公共医疗保险为主）。[①] 在健康生活方式方面，CFPS 问及 10～15 岁的儿童过去一个月锻炼的频率。如表 4－1 所示，在 10～15 岁的儿童中，71.8% 的人在过去一个月锻炼过。

**表 4－1　2010 年中国城乡儿童健康状况，CFPS（样本随年龄组变化，已加权）**

单位：%

| 变量 | 社区类型 | | |
|---|---|---|---|
| | 农村 | 城市 | 总计 |
| 低出生体重儿（0～3 岁）* | 9.8 | 5.0 | 8.5 |
| 上个月生过病（0～3 岁） | 30.1 | 28.9 | 29.8 |
| 去年看过医生* | 48.6 | 55.4 | 50.4 |
| 去年住过院 | 7.3 | 8.7 | 7.7 |
| 有医疗保险* | 64.5 | 58.3 | 62.8 |
| 自评健康（10～15 岁） | 73.0 | 74.3 | 73.4 |
| 过去一个月锻炼过（10～15 岁） | 70.6 | 74.8 | 71.8 |
| BMI 值（1～15 岁）* | | | |
| 体重过低 | 19.1 | 17.9 | 18.8 |
| 体重正常 | 52.9 | 60.9 | 55.1 |
| 超重 | 8.1 | 9.0 | 8.3 |
| 肥胖 | 20.0 | 12.2 | 17.8 |

* $p<0.05$，基于皮尔逊卡方统计量的检验。

身体健康的另一个主要指标是身体质量指数（BMI），即一个人的体重（公斤）除以身高（米）的平方。BMI 值越大，肥胖程度越严重。BMI 可用来区分肥胖或超重等可能导致健康问题的情形。由于中国尚未有关于每个年龄段 BMI 的统一标准，我们使用的是美国疾病控制与预防中心制定的儿童发育标准。按照分年龄、分性别的

① 仅有 10% 的儿童有私人或商业医疗保险。公共医疗保险项目包括新型农村合作医疗保险、城镇职工基本医疗保险、城市居民医疗保险（参见陈文、蒋虹丽、黄韻宇，2009）。

BMI 标准，我们将孩子分为肥胖（≥95%）、超重（85%～95%）、体重正常（5%～85%）和体重过低（≤5%）。[①]

如表 4－1 所示，在 1～15 岁的儿童中，18.8% 的人体重过低，分别有 8.3% 和 17.8% 的人属于超重和肥胖。[②] 体重正常的比例仅为 55.1%。必须注意的是，儿童的体重和身高都由照料者代答，而不是通过测量得到的，因此，结果并不一定准确。

低出生体重儿和儿童肥胖存在明显的城乡差异。如表 4－1 所示，0～3 岁的城市儿童中仅有 5.0% 的人是低出生体重儿，但是农村低出生体重儿的比例高达 9.8%。贫困、营养失调、缺乏产前保健、恶劣的生活和工作条件都是可能导致农村地区低出生体重儿比例较高的原因（Kramer，1987）。与此同时，农村肥胖儿童的比例（20.0%）远高于城市儿童（12.2%）。[③] 研究还发现，尽管城市儿童和农村儿童的患病率相差无几，但是农村儿童去医院看病的比例明显更低。可见，并不是城市儿童和农村儿童的健康状况有所不同，更有可能的是农村地区缺乏必要的医疗卫生设施。一个喜人的发现是，64.5% 的农村儿童有医疗保险，比城市儿童高了 6.2 个百分点。这反映出 2003 年开始实施的新型农村合作医疗制度取得了一定的成效（Wagstaff，Lindelow，Wang，& Zhang，2009；World Bank，2005a，2005b）。尽管农村合作医疗保险在覆盖面和支付标准上尚不能与城镇职工基本医疗保险和城镇居民医疗保险相匹敌，但是它依然能够保障农村家庭应对重大疾病，帮助孩子得到基本治疗（樊丽明、解垩、尹琳，2009；王红漫、顾大男、杜远举、邓喜先、王宏艳，2007；姚兆余、张蕾，

---

① 参见 http://www.cdc.gov/healthyweight/assessing/bmi/childrens_bmi/about_childrens_bmi.html。

② 在美国 2～19 岁人口中，共有 31.8% 的人属于超重或肥胖（http://www.niddk.nih.gov/health-information/health-statistics/Documents/stat904z.pdf），可参见 Ogden，Carroll，Kit，& Flegal，2014。

③ 这一发现和之前的一些研究结论相反。已有的研究认为，农村儿童的肥胖率要低于城市儿童（如卫生部，2012）。

2013)。[①]

对不同居住类型的儿童来说（见表 4 - 2），我们的主要发现是，农村留守儿童比其他四类家庭的儿童的患病率更高。在 0 ~ 3 岁的农村留守儿童家庭中，56.7% 的儿童在上个月生过病，而农村完整家庭、城市完整家庭、流动儿童家庭和单亲/孤儿家庭的儿童在上个月生过病的比例分别是 43.3%、38.9%、43.4%、51.2%。与此同时，留守儿童去年住过院的比例最高，过去一个月锻炼过的比例接近最低。与农村完整家庭的儿童和留守儿童相比，流动儿童中低出生体重儿的比例较低，但是他们有医疗保险的比例是最低的，仅为 48.5%，其他四类家庭的儿童有医疗保险的比例均超过 60%。单亲/孤儿家庭的儿童的健康状况并不比留守儿童好。他们中超过半数的人在上个月生过病，而且 28.5% 的人是低出生体重儿，留守儿童中低出生体重儿的比例仅为 9.9%。

总之，农村儿童在身体健康的诸多方面都处在劣势地位。处境最差的是农村留守儿童，以及城市和农村地区单亲/孤儿家庭的儿童。

**表 4 - 2　2010 年分居住类型中国儿童健康状况，CFPS（样本随年龄组变化，已加权）**

单位：%

| 变量 | 农村完整家庭 | 城市完整家庭 | 留守儿童家庭 | 流动儿童家庭 | 单亲/孤儿家庭 |
|---|---|---|---|---|---|
| 低出生体重儿（0 ~ 3 岁）† | 9.1 | 4.6 | 9.9 | 5.9 | 28.5 |
| 上个月生过病（0 ~ 3 岁）* | 43.3 | 38.9 | 56.7 | 43.4 | 51.2 |
| 去年看过医生* | 46.7 | 55.8 | 55.6 | 49.1 | 46.9 |
| 去年住过院 | 6.9 | 8.1 | 9.0 | 8.5 | 7.4 |

① 研究还发现，新型农村合作医疗制度增强了人们的预防保健意识，但并没有提高常见的医疗护理和健康水平（Lei & Lin，2009）。

续表

| 变量 | 农村完整家庭 | 城市完整家庭 | 留守儿童家庭 | 流动儿童家庭 | 单亲/孤儿家庭 |
|---|---|---|---|---|---|
| 有医疗保险* | 66.1 | 60.7 | 61.9 | 48.5 | 62.0 |
| 自评健康（10~15岁） | 73.6 | 73.4 | 73.9 | 71.5 | 71.3 |
| 过去一个月锻炼过（10~15岁） | 71.5 | 74.5 | 69.9 | 73.6 | 69.8 |

†$0.05 < p < 0.10$, * $p < 0.05$，基于皮尔逊卡方统计量的检验。

# 第5章　心理健康和社会－情感福祉

心理健康和社会－情感福祉是两个相互独立但关系密切的儿童发展领域。心理健康指的是儿童的精神和情感状态，以及他们对自己及未来的看法。测量指标包括自尊、自我效能、抑郁和主观幸福感。社会－情感福祉反映的是儿童在生活中与他人相处和交往的能力。心理健康和社会－情感福祉是密切相关的两个方面，因为有精神疾病的儿童，比如抑郁、狂躁和其他情感自控障碍的儿童，通常表现出不合群、攻击性和反社会等一些社会不良行为。有精神健康问题和社会发展不足的儿童、青少年存在认知能力发展与学校表现方面的困难（比如，Breslau，Lane，Sampson，& Kessler，2008）。美国疾病预防和控制中心一直在通过全国调查和登记系统来监控儿童的精神健康情况。[①] 尽管中国尚未有儿童精神健康的全国性数据，但有一些研究关注不同地区儿童和青少年不同的精神健康问题（比如，Tang & Qin，2015）。

这一章从多个方面来考察10～15岁儿童的心理健康和社会－情感福祉，包括抑郁、幸福感、对前途的信心、自尊和自我效能。[②] 抑郁指数来自K6情绪障碍筛查量表（见Green，Gruber，Sampson，Zaslavsky，& Kessler，2010）的中国版本。这一量表共有6个问题，问及受访者过去一个月是否有抑郁和焦虑的6个症

① 参见 http://www.cdc.gov/mmwr/preview/mmwrhtml/su6202a1.htm? s_cid = su6202a1_w。

② 只有10岁儿童回答自尊和自我效能量表。

状。本书将抑郁界定为每周至少 2～3 次出现至少 1 个症状的情形。关于幸福感和对前途的信心分别只有 1 道题，直接问受访者有多幸福或对前途有多大信心。采用的是 1～5 分的李克特量表，从 1 分代表“非常不幸福”到 5 分代表“非常幸福”或从 1 分代表“非常没有信心”到 5 分代表“非常有信心”。其中，得分 4 分或 5 分的受访者被视作“幸福”或“对前途有信心”。

自尊则根据中国版罗森伯格自尊量表来测量。每个受访者的总分是对量表 9 道题得分的加总。[①] 分数越高，自尊程度越高。[②] Bandura（1989）将自我效能定义为个人对自己完成某方面工作的能力的主观评估。CFPS 用 Pearlin 掌控感量表 7 道题中的前 4 道题来测量个人对自我生活掌控能力的认识。将 3 道反向计分题重新编码，我们对这 4 道题的得分进行加总，得到自我效能总分。得分越高，自我效能越高。[③]

对社会福祉的评估是基于 3 个指标。它们是 3 道单独的问题。其中有 2 道题问及 10～15 岁儿童对自己的人际关系和社会交往能力的看法，采用的是 1～5 分李克特量表，1 分代表“非常不好”，5 分代表“非常好”。得分 4 分或 5 分的受访儿童被认为有好的人际和社会交往能力。受访儿童还会回答好朋友数量——一个连续性变量。

如表 5－1 所示，在 10～15 岁儿童中，21.0% 的人每周超过 2 次出现抑郁症状，20.1% 的人感到不幸福，22.1% 的人对前途没有信心。图 5－1 表明儿童的幸福感和对前途的信心存在显著的城乡差异。农村儿童认为自己不幸福或对前途没有信心的比例高于城

---

① 中国版量表的 1 道题“I wish I could have more respect for myself”由于翻译不准确而被删除。

② 自尊量表的未调整均值为 25.78 分（标准差为 2.24 分，最小值为 19 分，最大值为 35 分）。

③ 自我效能量表的未调整均值为 10.96 分（标准差为 1.38 分，最小值为 6 分，最大值为 15 分）。

市儿童（不幸福：21.6% vs. 16.4%；对前途没有信心：23.5% vs. 18.7%）。农村儿童的自尊和自我效能均值并不显著低于城市儿童（见表 5－1）。

**表 5－1　2010 年中国城乡 10～15 岁儿童心理健康和社会－情感福祉，CFPS（$N=3464$，已加权）**

| 变量 | 农村 | 城市 | 总计 |
|---|---|---|---|
| 感到抑郁（%） | 20.5 | 22.1 | 21.0 |
| 感到不幸福*（%） | 21.6 | 16.4 | 20.1 |
| 对前途没有信心†（%） | 23.5 | 18.7 | 22.1 |
| 人际关系不好*（%） | 34.0 | 23.7 | 31.1 |
| 缺乏社交技能*（%） | 27.7 | 21.2 | 25.8 |
| 自尊得分（均值；10 岁）* | 25.4 | 26.9 | 25.9 |
| 自我效能得分（均值；10 岁）* | 10.8 | 11.5 | 11.0 |
| 好朋友数量（均值）* | 6.2 | 8.3 | 6.8 |

†$0.05 < p < 0.10$，* $p < 0.05$，基于皮尔逊卡方统计量的检验。

* $p < 0.05$，基于均值的后估计 $t$ 检验。

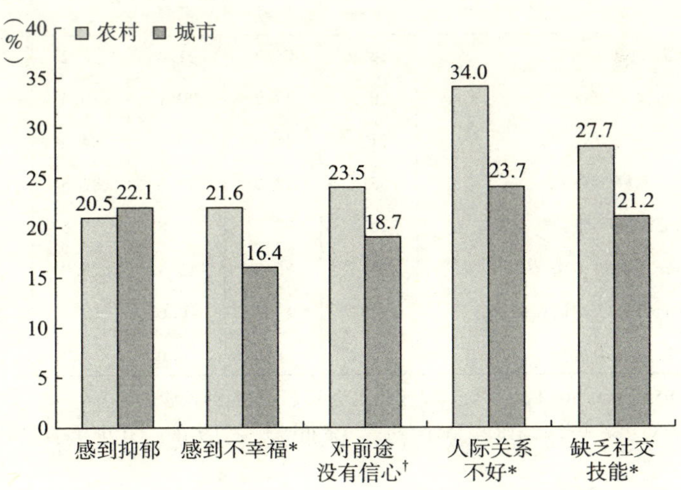


**图 5－1　2010 年中国分城乡儿童的心理健康和社会－情感福祉**

* $p < 0.05$，†$0.05 < p < 0.10$，基于皮尔逊卡方统计量的检验。

资料来源：CFPS（2010）。

研究发现，农村儿童在社会-情感福祉的3个指标上的得分均低于城市儿童（见图5-1）。超过1/3的农村儿童觉得自己的人际关系不好，而城市儿童觉得人际关系不好的比例为23.7%。农村儿童平均约有6个好朋友，城市儿童的平均好朋友数量约为8个。

不同居住类型的儿童在心理健康和社会-情感福祉上有所不同。表5-2表明，留守儿童和单亲/孤儿家庭的儿童最容易患心理疾病。单亲/孤儿家庭的儿童中有30.7%的人觉得自己不幸福。留守儿童的自我效能得分低于农村完整家庭、城市完整家庭的儿童及流动儿童。在社会-情感福祉上，单亲/孤儿家庭的儿童是最弱势的群体。38.0%的单亲/孤儿家庭的儿童认为自己的人际关系不好，农村完整家庭的儿童和城市完整家庭的儿童的这一比例分别是33.4%和23.0%。

**表5-2 2010年分居住类型中国10~15岁儿童的心理健康和社会-情感福祉，CFPS（$N=3464$，已加权）**

| 变量 | 农村完整家庭 | 城市完整家庭 | 留守儿童家庭 | 流动儿童家庭 | 单亲/孤儿家庭 |
|---|---|---|---|---|---|
| 感到抑郁†（%） | 18.9 | 24.7 | 21.4 | 18.2 | 29.8 |
| 感到不幸福†（%） | 20.3 | 17.7 | 20.1 | 16.4 | 30.7 |
| 对前途没有信心（%） | 21.1 | 18.6 | 26.0 | 24.5 | 28.6 |
| 人际关系不好*（%） | 33.4 | 23.0 | 33.6 | 22.5 | 38.0 |
| 缺乏社交技能（%） | 26.4 | 22.1 | 27.8 | 20.6 | 32.2 |
| 自尊得分（均值；10岁）* | 25.5[a] | 26.9[ab] | 25.3[b] | 25.9 | 26.1 |
| 自我效能得分（均值；10岁）* | 11.1[abc] | 11.5[adef] | 10.6[bd] | 10.8[e] | 10.2[cf] |
| 好朋友数量（均值）* | 6.4[a] | 8.6[abc] | 6.0[b] | 7.6 | 6.5[c] |

†$0.05<p<0.10$，*$p<0.05$，基于皮尔逊卡方统计量的检验。

*$p<0.05$，基于均值的后估计$t$检验。带相同上标的项在$p<0.05$显著水平上存在差异。

与此同时，流动儿童最不可能出现抑郁症状或感到自己不幸福。流动儿童比其他四类家庭的儿童认为自己人际关系好的比例更高。不过，与农村完整家庭的儿童和城市完整家庭的儿童相比，流动儿童更有可能对自己的前途没有信心。

值得注意的一点是，尽管城市完整家庭的儿童的自尊得分和自我效能得分更高，更容易感到幸福，对自己的前途更有信心，但是他们比农村完整家庭的儿童、留守儿童和流动儿童更容易出现抑郁症状。这和城市完整家庭的儿童在社会 - 情感福祉的其他方面的表现更佳恰恰相反，这一点有待后续深入考察。

这一章的研究表明，心理健康和社会 - 情感福祉存在显著的城乡差异。农村完整家庭的儿童、留守儿童和单亲/孤儿家庭的儿童处于明显的弱势地位。

# 第6章　教育获得与认知能力发展

教育和认知能力是指儿童学习与其年龄相适应的语言、数学和其他知识的能力，并有足够的认知技巧及有效地理解周边环境并与他人沟通的能力。幼儿园和学校是儿童学习新知识、掌握不同认知技巧的主要正式场合。大量研究表明，高质量的托儿所、学前班和小学的早期儿童教育对儿童后期的教育获得与将来的经济成就起到了关键作用（Cunha & Heckman，2010；Heckman，Moon，Pinto，Savelyev，& Yavitz，2010；Reynolds，Temple，& Ou，2011）。九年义务教育从20世纪80年代末开始实施后，中国大部分儿童能完成小学和初中教育。如今，在中国的城乡地区，公立、私立幼儿园和托儿所开展的早期儿童教育正在蓬勃发展。① 但是，目前主要的挑战在于，如何缩小在教育资源和学校教育质量方面的城乡差距（Dollar，2007；Qian & Smyth，2008）。

本章将介绍中国儿童的教育和认知情况。首先，我们将向读者呈现城乡儿童的入园/入托率和小学入学率以及他们在上大学的愿望方面的差异，然后比较城乡儿童的学习积极性、学校满意度和学习表现满意度和自我评价。同时，我们也比较了城乡儿童在词汇测试和数学测试得分上的差异。

---

① 例如，参见国家统计局公布的《2013年中国儿童发展纲要实施情况统计报告》，http://www.stats.gov.cn/tjsj/zxfb/201501/t20150129_675797.html，最后访问日期：2016年7月10日。

如表 6－1 所示，3～5 岁儿童中 54.8% 的人进入了幼儿园或托儿所。其中，76.3% 的城市儿童能够入园/入托，但只有 47.5% 的农村儿童能够入园或入托。从中可以明显看出学前儿童早期教育资源的城乡差异。但是，在基础教育的入学率方面城乡差异非常小。城市和农村 6～15 岁儿童的小学入学率分别为 94.2% 和 92.0%。学龄儿童入学率高反映了从 20 世纪 80 年代末开始实施的九年义务教育取得了较大成就。但是，将近三分之一的 10～15 岁农村儿童寄宿，而寄宿条件往往比较差。相比较而言，只有 7.6% 的 10～15 岁城市儿童寄宿。总体来看，63.9% 的 10～15 岁儿童想上大学①。但是，儿童想上大学的比例存在很大的城乡差异。有 77.0% 的城市儿童想上大学，但只有 58.7% 的农村儿童想上大学（见表 6－1）。

**表 6－1　2010 年中国城乡儿童入学状况，CFPS**
**（样本随年龄组变化，已加权）**

单位：%

| 变量 | 社区类型 | | |
|---|---|---|---|
| | 农村 | 城市 | 总计 |
| 入园/入托（3～5 岁）* | 47.5 | 76.3 | 54.8 |
| 上学（6～15 岁） | 92.0 | 94.2 | 92.6 |
| 寄宿（10～15 岁）* | 30.8 | 7.6 | 24.2 |
| 上大学的愿望（10～15 岁）* | 58.7 | 77.0 | 63.9 |

* $p < 0.05$，基于皮尔逊卡方统计量的检验。

表 6－2 列出了分居住类型的儿童入学状况。与其他居住类型的儿童相比，留守儿童上幼儿园或托儿所的比例较低。与其他居住类型的儿童相比，单亲/孤儿家庭的儿童上大学的愿望更小。虽然流动儿童在入园/入托和上大学的愿望方面比城市完整家庭的儿童的表现要差一些，但他们比农村完整家庭的儿童、留守儿童和单亲/孤儿家

① 这里的“大学教育”包括两年制专科、四年制大学和研究生教育。

庭的儿童的表现要好得多。

**表 6-2　2010 年分居住类型的中国儿童入学状况，CFPS（样本随年龄组变化，已加权）**

单位：%

| 变量 | 农村完整家庭 | 城市完整家庭 | 留守儿童家庭 | 流动儿童家庭 | 单亲/孤儿家庭 |
|---|---|---|---|---|---|
| 入园/入托（3~5 岁）* | 50.3 | 79.8 | 45.8 | 61.9 | 56.7 |
| 上学（6~15 岁） | 92.6 | 94.7 | 92.3 | 90.8 | 89.5 |
| 寄宿（10~15 岁）* | 31.8 | 7.8 | 25.6 | 13.9 | 17.8 |
| 上大学的愿望（10~15 岁）* | 60.2 | 78.7 | 60.4 | 69.2 | 53.3 |

* $p<0.05$，基于皮尔逊卡方统计量的检验。

有关学习积极性的数据是通过计算与学生学习有关的五个陈述项的平均分得到的。每个陈述项使用一个李克特量表，量表项从“完全不同意（1）”到“完全同意（5）”。这五个陈述项分别为“努力学习”、“上课专心听讲”、“做完作业后会检查以确保正确”、“遵守学校规则和纪律”和“完成作业后再玩”。学校满意度数据则通过让学生分别对学校、班主任、语文老师、数学老师和英语老师进行满意度评分，采用的是 1~5 分的李克特量表〔从“非常不满意（1）”到“非常满意（5）”〕，然后计算这五项的平均分得到。有关学习表现满意度数据则是通过让学生评价自己的学习表现、采用李克特量表进行评分〔从“非常不满意（1）”到“非常满意（5）”〕之后计算这五项的平均分得到。学生自我评价的数据来自学生对问题——“你认为作为一个学生你有多优秀?”——的回答，采用李克特量表进行评分〔从“非常差（1）”到“非常好（5）”〕之后计算这五项的平均分得到。

图 6-1 给出了分性别、分城乡 10~15 岁儿童的学习积极性、学校满意度、学习表现满意度和自我评价平均分。从图 6-1 中可以看出，虽然 10~15 岁女童的学习积极性比男童高，但城乡儿童之间的学习积极性没有显著差异。在学校满意度指标上存在显著的城乡

差异，农村儿童，尤其是农村男童对自己的学校最不满意。与农村男童相比，农村女童对自己的学校更满意些。但与城市女童相比，农村女童对自己学校的满意度要低一些。农村男童的自我评价最低。

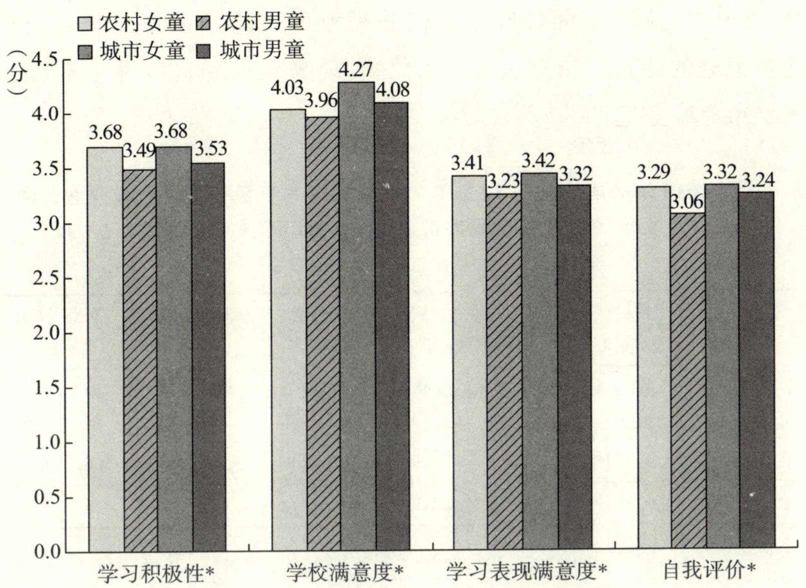


**图 6－1　2010 年分性别、分城乡 10～15 岁儿童的学习积极性、学校满意度、学习表现满意度和自我评价的平均分**

* $p<0.05$，对至少两分类进行均值的后估计 $t$ 检验。

资料来源：CFPS（2010）。

**表 6－3　2010 年分性别、分城乡 10～15 岁儿童的学习积极性、学校满意度、学习表现满意度和自我评价平均分，CFPS**

**（$N=3359$，已加权）**

单位：分

| 指标 | 农村女童 | | 农村男童 | | 城市女童 | | 城市男童 | |
|---|---|---|---|---|---|---|---|---|
| | 均值 | 标准差 | 均值 | 标准差 | 均值 | 标准差 | 均值 | 标准差 |
| 学习积极性 | 3.68[ac] | 0.03 | 3.49[ab] | 0.03 | 3.68[bd] | 0.03 | 3.53[cd] | 0.03 |
| 学校满意度 | 4.03[ac] | 0.04 | 3.96[abd] | 0.04 | 4.27[bce] | 0.05 | 4.08[de] | 0.05 |
| 学习表现满意度 | 3.41[a] | 0.04 | 3.23[ab] | 0.03 | 3.42[b] | 0.05 | 3.32 | 0.07 |
| 自我评价 | 3.29[a] | 0.04 | 3.06[abc] | 0.04 | 3.32[b] | 0.06 | 3.24[c] | 0.07 |

注：基于均值的后估计 $t$ 检验，带相同上标的项在 $p<0.05$ 显著水平上存在差异。

表6－4列出了分居住类型10～15岁儿童的学习积极性、学校满意度、学习表现满意度和自我评价平均分。从表6－4中可以看出，留守儿童和流动儿童比农村完整家庭的儿童的学习积极性更高。同时，流动儿童对自己学校的满意度要高于留守儿童和农村完整家庭的儿童。留守儿童的学习表现满意度和自我评价明显低于城市完整家庭的儿童。

**表6－4　2010年分居住类型10～15岁儿童的学习积极性、学校满意度、学习表现满意度和自我评价平均分，CFPS（$N=3359$，已加权）**

单位：分

| 指标 | 农村完整家庭 | | 城市完整家庭 | | 留守儿童家庭 | | 流动儿童家庭 | | 单亲/孤儿家庭 | |
|---|---|---|---|---|---|---|---|---|---|---|
| | 均值 | 标准差 | 均值 | 标准差 | 均值 | 标准差 | 均值 | 标准差 | 均值 | 标准差 |
| 学习积极性 | 3.55[ab] | 0.02 | 3.59 | 0.03 | 3.62[a] | 0.03 | 3.66[b] | 0.04 | 3.62 | 0.06 |
| 学校满意度 | 4.01[ac] | 0.03 | 4.16[ab] | 0.05 | 3.97[bd] | 0.05 | 4.19[cd] | 0.05 | 4.10 | 0.07 |
| 学习表现满意度 | 3.31 | 0.03 | 3.38[a] | 0.05 | 3.28[a] | 0.05 | 3.41 | 0.07 | 3.36 | 0.09 |
| 自我评价 | 3.16[a] | 0.04 | 3.30[ab] | 0.06 | 3.13[b] | 0.06 | 3.26 | 0.08 | 3.26 | 0.07 |

注：基于均值的后估计$t$检验，带相同上标的项在$p<0.05$显著水平上存在差异。

在中国家庭追踪调查过程中，访员会直接测试受访者的词汇和数学能力，这可作为对10～15岁儿童认知能力的客观测量。词汇测试是对语言能力的认知测试，测量儿童相应发展阶段的识字水平；数学测试测试儿童和成人的数学答题技巧。测试问卷基于不同的难度设计。① 测试结果表明，不论男女，农村儿童的词汇和数学测试得分都低于城市儿童（见表6－5）。农村男童的平均分最低。从不同居住类型来看，城市完整家庭的儿童的词汇和数学

① 没有加权的测试分值的均值、标准差和极差分别为：词汇（21.7，7.13，0～34）、数学（11.20，4.45，0～24）。

测试得分高于农村完整家庭的儿童、留守儿童和单亲/孤儿家庭的儿童（见表6-6）。不过，和城市完整家庭的儿童一样，流动儿童的词汇测试得分显著高于农村完整家庭的儿童、留守儿童和单亲/孤儿家庭的儿童。流动儿童的词汇测试得分甚至高于城市完整家庭的儿童，但这种差异在统计上不显著。将来有必要进一步研究流动儿童词汇测试得分高这个现象。

**表6-5　2010年分性别、分城乡10~15岁儿童的词汇和数学测试平均分，CFPS（$N=3360$，已加权）**

单位：分

| 测试科目 | 农村女童 | | 农村男童 | | 城市女童 | | 城市男童 | |
|---|---|---|---|---|---|---|---|---|
| | 均值 | 标准差 | 均值 | 标准差 | 均值 | 标准差 | 均值 | 标准差 |
| 词汇 | 21.64[abc] | 0.51 | 20.23[ade] | 0.49 | 24.56[bd] | 0.44 | 23.73[ce] | 0.38 |
| 数学 | 10.93[ab] | 0.26 | 10.73[cd] | 0.23 | 12.19[ac] | 0.27 | 12.41[bd] | 0.24 |

注：基于均值的后估计 $t$ 检验，带相同上标的项在 $p<0.05$ 显著水平上存在差异。

**表6-6　2010年分居住类型10~15岁儿童的词汇和数学测试平均分，CFPS（$N=3360$，已加权）**

单位：分

| 测试科目 | 农村完整家庭 | | 城市完整家庭 | | 留守儿童家庭 | | 流动儿童家庭 | | 单亲/孤儿家庭 | |
|---|---|---|---|---|---|---|---|---|---|---|
| | 均值 | 标准差 | 均值 | 标准差 | 均值 | 标准差 | 均值 | 标准差 | 均值 | 标准差 |
| 词汇 | 20.89[ab] | 0.47 | 23.98[acd] | 0.43 | 21.09[ce] | 0.82 | 24.27[bef] | 0.53 | 22.18[df] | 0.69 |
| 数学 | 10.91[a] | 0.21 | 12.36[abc] | 0.23 | 10.87[ab] | 0.38 | 11.70 | 0.41 | 11.13[c] | 0.39 |

注：基于均值的后估计 $t$ 检验，带相同上标的项在 $p<0.05$ 显著水平上存在差异。

这一章主要研究了中国儿童的认知能力和教育状况。我们发现，农村儿童，尤其是农村男童的认知能力低于城市儿童。与城市儿童相比，农村儿童对自己的学校更不满意，学习积极性也更差。

# 第 7 章　家庭和社会环境

人类发展的理论和研究强调不同的环境对儿童发展的影响（如 Bronfenbrenner，1979）。前几章从不同方面研究了儿童发展状况。这一章将结合家庭和社会环境因素来讨论儿童发展问题。

家庭是儿童成长和教育的基本环境。家庭对儿童各方面的健康发展至关重要，尤其在早期儿童身体发育、认知能力和社交能力发展快速变化的阶段（Henrich & Gadaire，2008；Weiss，Caspe，& Lopez，2006）。对儿童发展非常关键的家庭因素包括物质资源和家庭关系。第 3 章把家庭贫困和父母的受教育程度作为儿童经济福祉的重要指标。这一章我们将考察家庭结构、观察到的家庭环境、照料者参与儿童教育、照料者的管教方式及照料者对儿童考分低的反应。在这一章里，我们也将介绍儿童与他人社交的场所等社区环境及邻里关系。

## 家庭结构

从本书第一章的表 1 - 1 中可以看出，13.1% 的儿童没有和父母一起住，14.8% 的儿童只和父母一方居住。这些儿童大部分是留守儿童，他们的父母在城市务工。农村儿童常常被父母留在农村或留给祖父母照顾，祖父母往往没受过什么教育而且身体健康状况不佳，因而农村儿童，尤其是留守儿童常常处于不利地位。4.8% 的儿童来自单亲/孤儿家庭。由于父母一方或双方死亡或离异，他们只与父母一方住在一起或不和父母居住。除了缺乏正常的父母关爱，他们还可能要承受父母分开和父母死亡带来的心理创伤（参见 Maier & Lachman，2000）。

## 观察到的家庭环境

访员通过观察发现，城市和农村儿童的家庭环境截然不同（见表 7-1）。65% 的城市完整家庭的儿童拥有有许多书和其他阅读材料的家庭环境。只有 43% 的农村完整家庭的儿童、41% 的留守儿童、37% 的单亲/孤儿家庭的儿童拥有这样的家庭环境。流动儿童的家庭环境比农村完整家庭的儿童、留守儿童和单亲/孤儿家庭的儿童更好。家庭环境最差的是单亲/孤儿家庭，在所有家庭中，单亲/孤儿家庭的家庭环境最不好。与城市完整家庭的儿童和流动儿童相比，农村完整家庭的儿童和留守儿童的照料者更不可能与儿童交流。在所有群体中，单亲/孤儿家庭的儿童的照料者最不可能与儿童交流。

**表 7-1　2010 年访员观察到的分居住类型的家庭环境，CFPS（$N=8990$，已加权）**

| 家庭环境 | 农村完整家庭 | | 城市完整家庭 | | 留守儿童家庭 | | 流动儿童家庭 | | 单亲/孤儿家庭 | |
|---|---|---|---|---|---|---|---|---|---|---|
| | % | *S. E.* | % | *S. E.* | % | *S. E.* | % | *S. E.* | % | *S. E.* |
| 好的家庭学习环境* | $43^{abc}$ | 0.021 | $65^{ade}$ | 0.024 | $41^{dfg}$ | 0.029 | $55^{bfh}$ | 0.047 | $37^{cegh}$ | 0.035 |
| 照料者与儿童交流* | $55^{abc}$ | 0.021 | $71^{ade}$ | 0.024 | $49^{dfg}$ | 0.031 | $65^{bfh}$ | 0.045 | $40^{cegh}$ | 0.034 |

注：基于均值的后估计 $t$ 检验，带相同上标的项在 $p<0.05$ 显著水平上存在差异。

## 照料者参与儿童教育

为了了解父母及其他主要照料者参与儿童教育的情况，我们采用4个指标——常给孩子读书、常给孩子买书、常监督孩子写作业和常指导孩子写作业[①]——进行测量（见表7－2）。

表7－2　2010年中国城乡儿童照料者参与儿童教育情况，CFPS（样本随年龄组变化，已加权）

单位：%

| 变量 | 社区类型 | | |
|---|---|---|---|
| | 农村 | 城市 | 总计 |
| 照料者常给孩子读书（3～5岁）* | 49.6 | 77.9 | 56.8 |
| 照料者常给孩子买书（3～5岁）* | 58.3 | 89.4 | 66.3 |
| 照料者常监督孩子写作业（10～15岁）* | 73.3 | 93.8 | 78.5 |
| 照料者常指导孩子写作业（10～15岁）* | 32.5 | 59.1 | 39.3 |

* $p < 0.05$，基于皮尔逊卡方统计量的检验。

大部分照料者积极参与儿童的早期教育和学校教育。对于3～5岁的儿童，超过一半的照料者常给他们读书或买书。对于10～15岁的儿童，78.5%的照料者常监督他们写作业，39.3%的照料者常指导他们写作业。

然而，照料者参与儿童教育的情况存在很大的城乡差异。例如，77.9%的城市照料者常给孩子读书，相比之下，只有49.6%的农村照料者常给孩子读书（见图7－1）。如果分居住类型来看，我们就会发现留守儿童和单亲/孤儿家庭的儿童的照料者参与儿童教育的情况最差（见表7－3）。对于留守儿童，只有42.3%的照料者常给他们读书；对于农村完整家庭的儿童、城市完整家庭的儿童、流动儿童和单亲/孤儿家庭的儿童，超过一半的照料者常给他们读书。对于留守儿童，只有30.4%的照料者常指导他们写作业，这一比例远低

① “常给孩子读书”指照料者每个月至少给孩子读一次书，“常给孩子买书”指照料者一年给孩子至少买几次书，这两个问题由照料者回答。“常监督孩子写作业”指照料者每周至少两次要求孩子完成作业，“常指导孩子写作业”指照料者每周至少两次检查孩子的作业，这两个问题由儿童回答。

于其他儿童群体。

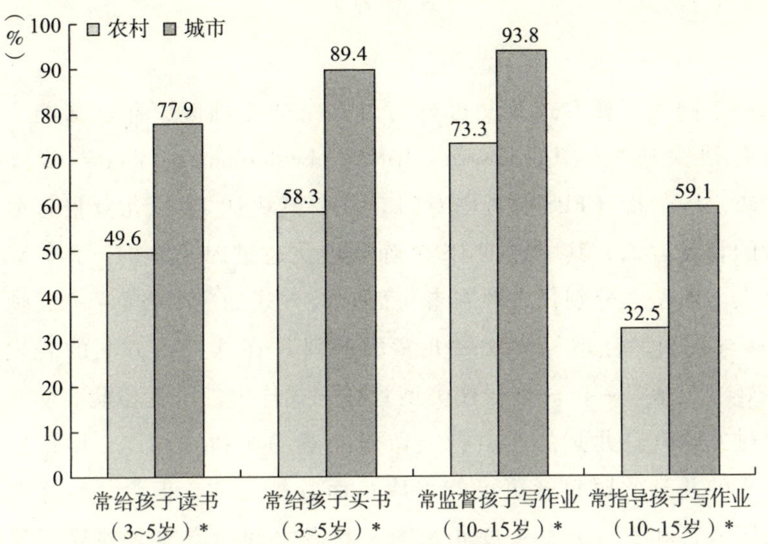


**图 7－1　2010 年中国城乡儿童照料者参与儿童教育情况**

* $p<0.05$，基于皮尔逊卡方统计量的检验。

资料来源：CFPS（2010）。

**表 7－3　2010 年分居住类型儿童照料者参与儿童教育情况，CFPS（样本随年龄组变化，已加权）**

单位：%

| 变量 | 居住类型 | | | | |
|---|---|---|---|---|---|
| | 农村完整家庭 | 城市完整家庭 | 留守儿童家庭 | 流动儿童家庭 | 单亲/孤儿家庭 |
| 照料者常给孩子读书（3～5 岁）* | 55.3 | 81.4 | 42.3 | 66.8 | 55.4 |
| 照料者常给孩子买书（3～5 岁）* | 62.2 | 92.5 | 56.5 | 77.7 | 55.4 |
| 照料者常监督孩子写作业（10～15 岁）* | 78.2 | 85.8 | 72.8 | 80.7 | 73.1 |
| 照料者常指导孩子写作业（10～15 岁）* | 36.7 | 52.1 | 30.4 | 49.3 | 36.6 |

* $p<0.05$，基于皮尔逊卡方统计量的检验。

## 管教方式

不同的管教方式及父母行为对儿童的心理健康和认知能力发展有很大影响（Dornbusch，Ritter，Leiderman，Roberts，& Fraleigh，1987）。CFPS 调查中专门有一个模块让 11 岁儿童报告照料者的管教方式，其中包括 12 个陈述项。通过因子分析，我们识别出三个因子，分别代表照料者正面管教方式的三个方面："鼓励"、"参与"和"互动"。[①] 农村儿童的照料者在这三个方面的表现都不好（见表 7－4）。分居住类型管教方式均值的统计检验表明，与农村完整家庭儿童的照料者或留守儿童的照料者相比，城市完整家庭的儿童的照料者更可能采取正面管教方式。但是，留守儿童的照料者和农村完整家庭儿童的照料者之间没有显著差异（见表 7－5）。值得注意的是，相对于农村完整家庭儿童的照料者，单亲/孤儿家庭儿童的照料者更可能管教儿童，相对于留守儿童的照料者，单亲/孤儿家庭儿童的照料者更可能与儿童互动。

**表 7－4　2010 年中国城乡 11 岁儿童照料者在管教方式上的平均分，CFPS（$N=566$，已加权）**

单位：分

| 管教方式 | 农村 | | 城市 | |
|---|---|---|---|---|
| | 均值 | 标准差 | 均值 | 标准差 |
| 鼓励* | －0.101 | 0.053 | 0.191 | 0.078 |
| 参与* | －0.022 | 0.056 | 0.290 | 0.104 |
| 互动* | －0.095 | 0.052 | 0.251 | 0.080 |

注：分值基于对 12 个选项的正交因子分析得出。

* $p<0.05$，基于皮尔逊卡方统计量的检验。

① 照料者的管教方式指对儿童回答的 12 种管教方式进行因子分析得到的三个主因子：（1）鼓励——照料者鼓励孩子学习、独立解决问题、遇到行为问题时采用公平原则并用说理的方式解决；（2）参与——照料者指导孩子完成家庭作业并了解学校活动；（3）互动——照料者和孩子聊天、一起玩，并给孩子讲故事。

**表 7-5 2010 年分居住类型中国 11 岁儿童照料者在管教方式上的平均分，CFPS（$N=566$，已加权）**

单位：分

| 管教方式 | 农村完整家庭 | | 城市完整家庭 | | 留守儿童家庭 | | 流动儿童家庭 | | 单亲/孤儿家庭 | |
|---|---|---|---|---|---|---|---|---|---|---|
| | 均值 | 标准差 | 均值 | 标准差 | 均值 | 标准差 | 均值 | 标准差 | 均值 | 标准差 |
| 鼓励$^{\dagger}$ | -0.08[ab] | 0.06 | 0.12[a] | 0.10 | 0.08 | 0.10 | 0.19 | 0.17 | 0.23[b] | 0.18 |
| 参与$^{*}$ | 0.02[a] | 0.06 | 0.32[abc] | 0.12 | -0.02[b] | 0.11 | -0.07[c] | 0.13 | 0.17 | 0.15 |
| 互动$^{*}$ | -0.06[a] | 0.08 | 0.25[ab] | 0.10 | -0.14[bc] | 0.08 | 0.09 | 0.17 | 0.31[c] | 0.21 |

注：分值基于对 12 个选项的正交因子分析得出。基于均值的后估计 $t$ 检验，带相同上标的项在 $^{\dagger}p<0.10$、$^{*}p<0.05$ 显著水平上存在差异。

## 照料者对儿童考分低的反应

我们也观察了当儿童考试分数低时照料者的反应。照料者可能选择惩罚或责骂儿童，要求他们更努力地学习，或提供更多的帮助。体罚和责骂是严厉管教的指标，对于儿童发展很不利（Johnson，Cohen，Smailes，Skodol，Brown，& Oldham，2001；Vissing，Straus，Gelles，& Harrop，1991）。我们的研究发现，当儿童考的分数比预期的分数低时，只有 15.1% 的照料者会有严厉管教行为，但是能给儿童提供更多的帮助的照料者的比例比较低，只有 8.4%（见表 7-6）。照料者对考分低的反应存在显著的城乡差异。17.3% 的农村照料者倾向于惩罚或责骂，相比之下，只有 9.7% 的城市照料者倾向于惩罚或责骂。分居住类型比较不同照料者对考分低的反应发现，流动儿童的照料者更不可能惩罚或责骂儿童，更可能给儿童提供更多的帮助（见表 7-7）。

## 社区环境

除了家庭环境，社区环境对儿童发展也有影响（Sampson，2003）。

**表 7-6　2010 年中国城乡 10～15 岁儿童的照料者对儿童考分低的反应，CFPS（$N=3323$，已加权）**

单位：%

| 照料者对儿童考分低的反应* | 社区类型 | | |
|---|---|---|---|
| | 农村 | 城市 | 总计 |
| 惩罚、责骂 | 17.3 | 9.7 | 15.1 |
| 让儿童更加努力学习 | 75.1 | 80.1 | 76.5 |
| 给儿童提供更多的帮助 | 7.7 | 10.2 | 8.4 |

* $p<0.05$，基于皮尔逊卡方统计量的检验。

**表 7-7　2010 年分居住类型中国 10～15 岁儿童的照料者对儿童考分低的反应，CFPS（$N=3323$，已加权）**

单位：%

| 照料者对儿童考分低的反应* | 居住类型 | | | | |
|---|---|---|---|---|---|
| | 农村完整家庭 | 城市完整家庭 | 留守儿童家庭 | 流动儿童家庭 | 单亲/孤儿家庭 |
| 惩罚、责骂 | 17.0 | 9.6 | 19.1 | 4.8 | 15.0 |
| 让儿童更加努力学习 | 75.5 | 80.8 | 73.0 | 82.9 | 75.6 |
| 给儿童提供更多的帮助 | 7.6 | 9.6 | 7.9 | 12.3 | 9.3 |

* $p<0.05$，基于皮尔逊卡方统计量的检验。

社区环境对儿童发展起关键影响的方面包括贫困水平、安全、邻里关系、儿童照料设施的可获得性和学校以及其他社区服务资源的可获得性。

根据社区管理人员的报告或访员的观察，农村社区的经济和生活条件比城市社区要差很多（见表 7-8）。例如，城市儿童中超过 90% 的人住在自来水作为主要生活用水和燃气/太阳能/沼气作为主要清洁厨房燃料的社区；农村儿童中，只有 39% 的人住在自来水作为主要生活用水的社区，只有 38% 的人住在燃气/太阳能/沼气作为主要清洁厨房燃料的社区。而且，农村社区的公共服务机构或公共设施——如药店、运动场或操场——的数量比城市社区少。例如，80% 的城市儿童所在的社区有幼儿园，但是只有

45% 的农村儿童所在的社区有幼儿园。然而，71% 的农村儿童所在的社区有小学，55% 的城市儿童所在的社区有小学。

**表 7－8　2010 年中国城乡儿童的社区环境，CFPS（N＝8990，已加权）**

| 变量 | 农村 | | 城市 | |
|---|---|---|---|---|
| | 百分比/均值 | 标准差 | 百分比/均值 | 标准差 |
| 自来水作为主要生活用水*（%） | 39 | 0.037 | 94 | 0.021 |
| 燃气/太阳能/沼气作为主要清洁厨房燃料*（%） | 38 | 0.039 | 91 | 0.026 |
| 社区内有幼儿园*（%） | 45 | 0.039 | 80 | 0.044 |
| 社区内有小学*（%） | 71 | 0.036 | 55 | 0.048 |
| 流动人口比例*（%） | 0.06 | 0.009 | 0.27 | 0.028 |
| 访员观测的经济状况*（分） | 3.89 | 0.118 | 4.63 | 0.121 |
| 访员观测的街道干净程度*（分） | 4.19 | 0.116 | 4.95 | 0.121 |
| 公共服务机构或公共设施的数量（≤8）*（个） | 3.36 | 0.127 | 4.79 | 0.172 |
| 基础设施或公共设施的数量（≤8）（个） | 5.38 | 0.126 | 5.76 | 0.208 |

†$0.05 < p < 0.10$，* $p < 0.05$，基于皮尔逊卡方统计量的检验。

所有变量是根据社区管理人员报告（包括生活用水、厨房燃料、幼儿园、小学、流动人口、公共服务机构或公共设施情况）或访员观察到（经济状况、街道干净程度）的社区层面的指标确定的。

## 邻里关系

CFPS 问卷有几个问题问及每个家庭上个月是否和邻居以不同方式交往以及交往的频率。这些家庭可能和邻居没有联系，或仅仅和邻居打招呼，或相互串门且相互帮助。我们的分析发现，城市家庭和农村家庭存在显著差异（见表 7－9）。54.2% 的农村家庭与邻居交往密切，如相互串门且相互帮助，或提供食物、赠送其他礼物。只有42.2%的城市家庭与邻居交往密切。农村地区和睦的邻里关系可能给农村儿童提供了一个支持网络。然而，当我们进一步分析农村完整家庭和留守儿童家庭时，我们发现，留守儿童家庭与邻居交往密切的比例（46.7%）低于农村完整家庭（56.5%）。单亲/孤儿家庭与邻居交往密切的比例最低，只有39.9%。邻里支持的缺乏使得留守儿童和单亲/孤儿家庭的儿童比农村完整家庭的儿童更加处于劣势。留守儿童和单亲/孤儿家庭的儿童与朋友/亲戚之间的关系类似于他们与邻居之间的关系。

**表7-9　2010年分社区类型、分居住类型的邻里关系和朋友/亲戚关系状况，CFPS（$N=8990$，已加权）**

单位：%

| | 社区类型 | | | 居住类型 | | | | |
|---|---|---|---|---|---|---|---|---|
| | 农村 | 城市 | 总计 | 农村完整家庭 | 城市完整家庭 | 留守儿童家庭 | 流动儿童家庭 | 单亲/孤儿家庭 |
| 邻里关系* | | | | | | | | |
| 没有联系 | 20.4 | 26.8 | 22.1 | 19.0 | 24.9 | 25.2 | 23.5 | 28.1 |
| 仅见面打招呼 | 25.4 | 31.0 | 26.9 | 24.6 | 30.0 | 28.1 | 28.0 | 32.0 |
| 相互串门且相互帮助 | 54.2 | 42.2 | 51.0 | 56.5 | 45.1 | 46.7 | 48.5 | 39.9 |
| 朋友/亲戚关系* | | | | | | | | |
| 没有联系 | 35.4 | 25.2 | 32.6 | 31.7 | 21.6 | 43.8 | 29.7 | 37.7 |
| 仅见面打招呼 | 9.4 | 6.1 | 8.5 | 9.4 | 5.9 | 9.0 | 6.0 | 10.3 |
| 相互串门且相互帮助 | 55.3 | 68.7 | 58.9 | 58.9 | 72.5 | 47.3 | 64.3 | 52.1 |

* $p<0.05$，基于皮尔逊卡方统计量的检验。

本章描述了儿童的家庭和社区环境。家庭环境的各方面存在明显的城乡差异，如家里拥有图书的情况、照料者的正面管教行为和指导孩子做功课等。农村社区家庭的经济和居住条件也比城市社区家庭更差。虽然和睦的邻里关系给农村儿童提供了一些支持，但留守儿童聚居的社区看起来难以建立和睦的邻里关系。

# 第8章　家庭和社会环境与儿童发展的关系

在前面的章节，我们研究了中国儿童发展的几个主要方面，以及其家庭和社会环境。我们发现，农村儿童与城市儿童在成长和家庭与社会环境方面有着明显的差异。我们还发现，农村留守儿童和单亲/孤儿家庭的儿童处于特别不利的境地。早期研究已经揭示，社会生态背景（比如家庭本身）对儿童发展有着重要影响（Bronfenbrenner，1979；Bornstein and Bradley，2012）。本章将用多元回归统计模型来研究家庭和社会环境对儿童发展各方面的影响，并在模型中把儿童的人口学特征作为控制变量、把儿童各方面的发展状况视为因变量。研究目标是确定环境因素是否以及在多大程度上影响儿童发展的不同方面，并检验环境因素是否会导致农村儿童和城市儿童发展存在显著差异。

## 身体状况

出生体重低是儿童身体发育状况的一个重要指标。我们的研究表明，农村社区儿童出生体重低的比例要高于城市社区，单亲/孤儿家庭的儿童出生体重低的比例要高于农村完整家庭的儿童。为了检验双变量结果的有效性，我们在控制了儿童的人口学特征和母亲生育年龄之后，分析了三个多元 Logistic 回归模型。

表 8－1 的结果显示，相比城市完整家庭和农村完整家庭，单亲

/孤儿家庭的儿童和留守儿童出生体重低的可能性显著增大（模型1）。母亲生育年龄是儿童出生体重低的一个非常重要的影响因素，超过35岁的母亲生育的儿童出生体重低的概率几乎是25～35岁母亲的2倍。但是，模型2表明，在控制了母亲生育年龄和儿童的性别及民族因素后，农村留守儿童和城市完整家庭的儿童之间的差异就变得不显著了。但是，单亲/孤儿家庭的儿童出生体重低的可能性依然较大，尽管比值比（odds ratio）参数有所变小。在模型3中，我们加入了家庭贫困变量，来估计家庭经济背景的影响。结果显示，家庭贫困程度并非儿童出生体重低的一个显著影响因素。

**表8-1　2010年中国0～3岁儿童体重低的多元Logistic回归模型，CFPS**

| 自变量 | 模型1 | | 模型2 | | 模型3 | |
|---|---|---|---|---|---|---|
| | 比值比 | 标准差 | 比值比 | 标准差 | 比值比 | 标准差 |
| 居住类型（城市完整家庭作为参照组） | | | | | | |
| 　农村完整家庭 | 2.088 | 1.042 | 1.721 | 0.872 | 1.595 | 0.792 |
| 　留守儿童家庭 | 2.277† | 1.100 | 2.180 | 1.149 | 2.019 | 1.049 |
| 　流动儿童家庭 | 1.297 | 0.778 | 1.367 | 0.880 | 1.300 | 0.839 |
| 　单亲/孤儿家庭 | 8.292** | 6.056 | 7.043* | 5.922 | 6.174* | 5.526 |
| 男童 | | | 0.763 | 0.184 | 0.779 | 0.188 |
| 汉族 | | | 0.39† | 0.212 | 0.414† | 0.218 |
| 母亲生育年龄 | | | | | | |
| 　25～35岁 | | | 0.539** | 0.126 | 0.536** | 0.126 |
| 　超过35岁 | | | 1.229 | 0.544 | 1.106 | 0.497 |
| 家庭贫困 | | | | | 1.489 | 0.378 |
| 截距 | 0.048 | 0.019 | 0.163 | 0.093 | 0.151 | 0.086 |
| *N* | 1495 | | 1489 | | 1480 | |
| 模型拟合度 | F(4153)=2.31 | | F(8149)=2.98 | | F(9148)=2.76 | |

注：模型1、2、3针对的是0～3岁儿童的样本。模型中的样本都进行了加权，包括162个初级抽样单位和6个层。

† $p<0.10$，* $p<0.05$，** $p<0.01$。

需要说明的是，单亲/孤儿家庭的儿童出生体重低并不必然意味着单亲/孤儿家庭必然导致儿童出生体重低，因为家庭变化可能发生在孩子出生后，甚至就是低体重儿的出生导致家庭发生变化。出生体重低与家庭功能的因果关系值得进一步探讨。

## 心理状况：幸福感

作为心理状况的一个重要指标，幸福感被认为与儿童的人口学特征以及他/她们的家庭和社会环境各方面的特征相关（Ren & Treiman，2016）。我们已经发现，农村儿童并不像城市儿童那样感觉幸福。为了厘清影响幸福感的各种不同因素，我们做了多次多元 Logistic 回归分析，控制了儿童的人口学特征，并考虑了家庭贫困程度和照料者的管教方式。鉴于 CFPS 只收集了 11 岁孩童的管教方式数据，模型的样本仅限于这些儿童。

表 8 - 2 中的模型 1、2 和模型 3 显示，农村儿童（包括农村完整家庭的儿童和留守儿童）比城市完整家庭的儿童的幸福感要弱，即便我们将人口学特征、家庭贫困程度和母亲的受教育水平都考虑进去也是如此。有幸福感的农村儿童——包括留守儿童——的概率要比城市完整家庭的儿童低 40%。家庭的社会经济地位对儿童的幸福感并无显著影响。

在模型 4 中，我们加入了照料者对 11 岁儿童的管教方式，我们发现，农村完整家庭的儿童和留守儿童的比值比的统计显著性降低。在三种管教方式中，照料者的鼓励与儿童的幸福感最相关，其次是与儿童的互动。支持型照料者的孩子的幸福感是那些压制型照料者的孩子的幸福感的 2.7 倍。在一定程度上，农村儿童处于劣势可以归结为其照料者缺乏积极的管教方式。

表 8－2　2010 年中国儿童幸福感的多元 Logistic 回归模型，CFPS

| 自变量 | 模型 1 | | 模型 2 | | 模型 3 | | 模型 4 | |
|---|---|---|---|---|---|---|---|---|
| | 比值比 | 标准差 | 比值比 | 标准差 | 比值比 | 标准差 | 比值比 | 标准差 |
| 居住类型（城市完整家庭作为参照组） | | | | | | | | |
| 农村完整家庭 | 0.359** | 0.136 | 0.369* | 0.141 | 0.404** | 0.158 | 0.446† | 0.202 |
| 留守儿童家庭 | 0.367* | 0.154 | 0.363* | 0.152 | 0.390** | 0.160 | 0.517 | 0.233 |
| 流动儿童家庭 | 0.515 | 0.327 | 0.481 | 0.308 | 0.491 | 0.319 | 0.537 | 0.435 |
| 单亲/孤儿家庭 | 0.800 | 0.661 | 0.872 | 0.714 | 0.895 | 0.739 | 0.757 | 0.655 |
| 男童 | | | 0.776 | 0.167 | 0.776 | 0.172 | 0.899 | 0.229 |
| 汉族 | | | 1.159 | 0.516 | 1.087 | 0.491 | 0.701 | 0.375 |
| 家庭贫困 | | | | | 0.754 | 0.261 | 1.049 | 0.393 |
| 母亲高中毕业 | | | | | 1.193 | 0.567 | 0.726 | 0.346 |
| 照料者的管教方式 | | | | | | | | |
| 鼓励 | | | | | | | 2.662** | 0.503 |
| 参与 | | | | | | | 1.304† | 0.193 |
| 互动 | | | | | | | 1.465† | 0.289 |
| 截距 | 11.354 | 4.197 | 11.480 | 7.269 | 11.835 | 8.304 | 17.696 | 13.987 |
| *N* | 571 | | 571 | | 571 | | 566 | |
| 模型拟合度 | F(4153) = 2.22 | | F(6151) = 1.55 | | F(8149) = 1.25 | | F(11146) = 4.40 | |

注：模型 1、2、3、4 针对的是 11 岁儿童的样本。模型中的样本都进行了加权，包括 162 个初级抽样单位和 6 个层。

† $p < 0.10$，* $p < 0.05$，** $p < 0.01$。

## 社交状况：社交技能

儿童与青少年是否具备良好的人际关系，是他们社交状况的一个直接表现。之前我们了解到，农村儿童比城市儿童更少认为他们自己有良好的人际关系。在表 8－3 的多元 Logistic 回归模型中，在控制了儿童的人口学特性之后，我们分析了居住类型、家庭贫困、照料者的管教方式与儿童社交技能的独特关系。

**表 8－3　2010 年中国儿童社交技能的多元 Logistic 回归模型，CFPS**

| 自变量 | 模型 1 | | 模型 2 | | 模型 3 | | 模型 4 | |
|---|---|---|---|---|---|---|---|---|
| | 比值比 | 标准差 | 比值比 | 标准差 | 比值比 | 标准差 | 比值比 | 标准差 |
| 居住类型（城市完整家庭作为参照组） | | | | | | | | |
| 农村完整家庭 | 0.340** | 0.132 | 0.357** | 0.130 | 0.445* | 0.167 | 0.438* | 0.161 |
| 留守儿童家庭 | 0.399† | 0.207 | 0.388† | 0.200 | 0.463 | 0.244 | 0.489 | 0.242 |
| 流动儿童家庭 | 0.274* | 0.143 | 0.249* | 0.135 | 0.258* | 0.143 | 0.234* | 0.132 |
| 单亲/孤儿家庭 | 0.095** | 0.063 | 0.103** | 0.067 | 0.109** | 0.074 | 0.087** | 0.067 |
| 男童 | | | 0.728 | 0.181 | 0.741 | 0.191 | 0.713 | 0.188 |
| 汉族 | | | 1.688* | 0.426 | 1.490† | 0.340 | 1.133 | 0.266 |
| 家庭贫困 | | | | | 0.587* | 0.155 | 0.625† | 0.164 |
| 母亲高中毕业 | | | | | 2.089 | 0.952 | 1.665 | 0.790 |
| 照料者的管教方式 | | | | | | | | |
| 鼓励 | | | | | | | 1.339† | 0.208 |
| 参与 | | | | | | | 1.029 | 0.134 |
| 互动 | | | | | | | 1.387† | 0.233 |
| 截距 | 5.291 | 1.859 | 4.046 | 1.768 | 3.927 | 1.785 | 5.385 | 2.416 |
| *N* | 571 | | 571 | | 571 | | 566 | |
| 模型拟合度 | F(4153)＝4.47 | | F(6151)＝3.96 | | F(8149)＝3.55 | | F(11146)＝3.15 | |

注：模型 1、2、3、4 针对的是 11 岁儿童的样本。模型中的样本都进行了加权，包括 162 个初级抽样单位和 6 个层。

† $p<0.10$，* $p<0.05$，** $p<0.01$。

家庭贫困与儿童的良好人际关系存在负相关。正面管教方式，尤其是鼓励和互动，会使儿童建立与维持良好的人际关系。而且，将管教方式与家庭贫困加入模型后，农村完整家庭的儿童和留守儿童的比值比变大。这表明，农村儿童正面管教方式的缺失或者家庭贫困可能是导致他们有良好人际关系的概率低的主要原因。

类似证据也显示儿童的社交技能与家庭环境和管教方式有关。

研究结果显示，即便控制了儿童的人口学特征，农村完整家庭的儿童、单亲/孤儿家庭的儿童、流动儿童都比城市完整家庭的儿童更缺乏良好的社交技能。这种情形在单亲/孤儿家庭的儿童身上表现得更为明显。这些家庭的儿童在社交技能一项上的比值比尚不及城市完整家庭的儿童的10%。

## 认知状况：数学与词汇测试得分

CFPS对儿童词汇和数学能力进行了测试，旨在评估他们的认知发展水平。测试分数高表明认知水平高。第6章的双变量分析揭示了农村儿童与城市儿童在这一方面存在的巨大差距。在控制儿童的人口学特征后，我们用多元线性回归模型分析了居住类型、家庭贫困、照料者的管教方式与儿童测试得分之间的关系。

我们的分析结果（见表8－4和表8－5）表明，即便控制了儿童的人口学特征，农村完整家庭的儿童、留守儿童也要比城市完整家庭的儿童的数学和词汇测试得分低。家庭贫困程度和主要照料者的受教育水平也对儿童的词汇和数学测试得分有重要影响。当我们加上照料者的管教方式变量之后，照料者的受教育水平对儿童的词汇和数学测试得分都没有显著影响。我们发现，正面管教方式尤其是照料者的鼓励对儿童的测试得分有显著影响。

同样值得注意的是，流动儿童的词汇测试得分甚至要比城市完整家庭的儿童的得分还要高，尽管他们的数学测试得分与城市完整家庭的儿童没有多少差别。

在这一章，我们展示了多元回归分析的结果。首先，结果验证了即使控制了儿童的人口学特征，儿童发展状况的城乡差距依然很大。其次，结果显示，经济与家庭背景对儿童发展状况有重要影响。虽然家庭贫困会影响儿童的社交技能和词汇测试得分，但正面管教方式有助于改善儿童发展状况，尤其是儿童的心理健康和社交状况。结果进一步揭示了农村家庭贫困比例高和照料者较少的正面管教方式可以部分解释儿童发展状况的城乡差异。

**表 8-4　2010 年中国儿童词汇测试得分的多元线性回归模型，CFPS**

| 自变量 | 模型 1 | | 模型 2 | | 模型 3 | | 模型 4 | |
|---|---|---|---|---|---|---|---|---|
| | 系数 | 标准差 | 系数 | 标准差 | 系数 | 标准差 | 系数 | 标准差 |
| 居住类型（城市完整家庭作为参照组） | | | | | | | | |
| 农村完整家庭 | -2.998* | 1.159 | -2.690* | 1.105 | -1.754 | 1.150 | -1.904† | 1.039 |
| 留守儿童家庭 | -2.281† | 1.264 | -2.354† | 1.249 | -1.528 | 1.257 | -1.661 | 1.233 |
| 流动儿童家庭 | 3.778** | 1.245 | 3.577** | 1.248 | 3.803** | 1.275 | 3.432** | 1.231 |
| 单亲/孤儿家庭 | -2.674 | 2.135 | -2.420 | 2.015 | -2.214 | 1.923 | -2.788 | 1.721 |
| 男童 | | | -0.956 | 0.664 | -0.932 | 0.653 | -0.657 | 0.648 |
| 汉族 | | | 3.741** | 1.297 | 3.209* | 1.246 | 2.446* | 1.090 |
| 家庭贫困 | | | | | -2.315* | 0.949 | -1.701† | 0.894 |
| 母亲高中毕业 | | | | | 1.815† | 0.999 | 1.105 | 1.018 |
| 照料者的管教方式 | | | | | | | | |
| 鼓励 | | | | | | | 2.372** | 0.436 |
| 参与 | | | | | | | 0.376 | 0.467 |
| 互动 | | | | | | | -0.597 | 0.424 |
| 截距 | 21.169 | 0.952 | 18.420 | 1.704 | 20.200 | 1.844 | 20.214 | 1.679 |
| $N$ | 571 | | 571 | | 571 | | 566 | |
| $R^2$ | 0.059 | | 0.105 | | 0.132 | | 0.204 | |
| 模型拟合度 | F(4153) = 9.05 | | F(6151) = 6.99 | | F(8149) = 6.07 | | F(11146) = 8.67 | |

注：模型 1、2、3、4 针对的是 11 岁儿童的样本。模型中的样本都进行了加权，包括 162 个初级抽样单位和 6 个层。

$^{\dagger}p<0.10$，$^{*}p<0.05$，$^{**}p<0.01$。

**表 8－5　2010 年中国儿童数学测试得分的多元线性回归模型，CFPS**

| 自变量 | 模型 1 | | 模型 2 | | 模型 3 | | 模型 4 | |
|---|---|---|---|---|---|---|---|---|
| | 系数 | 标准差 | 系数 | 标准差 | 系数 | 标准差 | 系数 | 标准差 |
| 居住类型（城市完整家庭作为参照组） | | | | | | | | |
| 农村完整家庭 | －1.334** | 0.418 | －1.311** | 0.393 | －0.984* | 0.384 | －0.961* | 0.398 |
| 留守儿童家庭 | －1.369** | 0.477 | －1.367** | 0.468 | －1.073* | 0.443 | －1.021* | 0.499 |
| 流动儿童家庭 | 0.156 | 0.708 | 0.276 | 0.695 | 0.374 | 0.700 | 0.342 | 0.673 |
| 单亲/孤儿家庭 | －1.067 | 0.715 | －1.255† | 0.675 | －1.143 | 0.711 | －1.324† | 0.703 |
| 男童 | | | 0.418 | 0.280 | 0.454 | 0.280 | 0.583* | 0.288 |
| 汉族 | | | 1.016** | 0.370 | 0.890* | 0.361 | 0.549 | 0.341 |
| 家庭贫困 | | | | | －0.311 | 0.325 | －0.001 | 0.280 |
| 母亲高中毕业 | | | | | 0.961* | 0.405 | 0.621 | 0.429 |
| 照料者的管教行为 | | | | | | | | |
| 鼓励 | | | | | | | 0.846* | 0.218 |
| 参与 | | | | | | | 0.245 | 0.212 |
| 互动 | | | | | | | －0.061 | 0.226 |
| 截距 | 9.456 | 0.378 | 8.361 | 0.526 | 9.089 | 0.624 | 8.965 | 0.607 |
| $N$ | 571 | | 571 | | 571 | | 566 | |
| $R^2$ | 0.035 | | 0.052 | | 0.065 | | 0.113 | |
| 模型拟合度 | F(4153)＝3.47 | | F(6151)＝4.17 | | F(8149)＝3.68 | | F(11146)＝4.31 | |

注：模型 1、2、3、4 针对的是 11 岁儿童的样本。模型中的样本都进行了加权，包括 162 个初级抽样单位和 6 个层。

† $p<0.10$，* $p<0.05$，** $p<0.01$。

# 第9章　结论与政策意义

我们的这项研究分析了中国儿童发展状况的不同方面，包括儿童的发展状况和社会及家庭环境。本书对这些方面的讨论，有助于我们全面了解中国儿童的成长及其环境，也有助于儿童福利政策制定者和有关方面关注那些亟须帮助的弱势儿童。

建立在户口制度基础之上的城乡二元制度是中国社会的一个重要特征。基于此，我们比较了农村儿童与城市儿童的发展状况和社会环境。结果表明，农村儿童与城市儿童在发展状况的多个方面存在巨大的差距。在身体状况方面，农村儿童出生体重低的比例较高。他们在社交技能、情感的发展上也落后于城市儿童。有幸福感的农村儿童更少，对未来更缺乏信心。他们自认为好朋友更少，缺乏社交技能。此外，农村儿童在教育获得与认知能力发展上也落后于城市儿童。他们的数学与词汇测试得分要低于城市儿童。

除了发展上的劣势外，农村儿童还得面对家庭、学校及社会上的多重风险因素。四分之一的农村儿童生活在每天低于1.6美元的贫困线之下。超过一半的学龄前儿童没有获得学前教育。因为照料者的受教育水平低及其他资源匮乏，农村儿童从照料者那里所能得到的学业支持和帮助——比如营造好的家庭氛围，给孩子读书，指导孩子写作业——要远远少于城市儿童。而且，许多农村孩子是所谓的留守儿童，他们父母的一方或者双方都在城里务工。超过15%的农村儿童没能与他们的父母一起生活，另外15%的农村儿童只与父母一方生活。留守儿童长期生活在年迈的祖父母身边，他们的学习和社交活动得不到老人的充分支持。他们对自己的能力和未来不像城市儿童和其他农村儿童那样自信。另外，随父母流动到城市的农村儿童似乎比他们留在农村的同伴在许多方面要好一些，包括学习上的表现，尽管他们还不能完全达到城市儿童的水平。但是，如同留守儿童一样，流动儿童对他们的未来也缺乏信心，在这方面他们的表现比不上农村完整家庭的儿童和城市完整家庭的儿童，这极有可能是因为他们遭遇了环境中的那些排斥性政策和歧视性措施。

我们的研究也关注了单亲/孤儿家庭的儿童，他们特别容易遭遇成长风险，尽管这部分人的比例不到儿童总数的5%。他们的父母要么离婚、死亡，要么下落不明，他们与父母一方或其他照料者（如亲戚）生活在一起。在这些儿童中，许多人的出生体重低，家庭的经济和生活条件比其他家庭更差。这些儿童中的很多人感觉压抑和不高兴，并对自己的未来缺乏信心。他们的社交技能和人际关系不如其他儿童。这些儿童大部分住在农村社区，而且很多被去城里务工的父母留在了农村。

城乡儿童在很多方面存在巨大差异，其直接原因可以不同程度地归结为生活条件、照料者的管教方式、家庭的环境影响和社区环境等，但最为根本的原因要追溯到我们在第2章讨论的国家政策和具体措施。虽然中国是联合国《儿童权利公约》的签署国，但许多现有的政策及措施依然需要调整，以提升儿童的福利水平、改善其生活条件。

前文已经指出，农村儿童的遭遇，尤其是留守儿童以及随父母进城的流动儿童的遭遇，在相当大的程度上源于对农村居民及流动人口的排斥性政策和歧视性措施，而这些不公正的政策和措施正是建立在户籍登记（户口）制度基础之上。虽然各地政策有所差别，但大部分农村进城流动人口没有机会享受城市社会保障，比如贫困救济、低收入人群住房保障、医保、子女在城区公立学校上学等公共服务（见 Huang，2012；Pong，2014）。因此，农村流动人口常常被迫将孩子留在农村老家，否则他们将不得不送孩子去那些教育质量较低的打工子弟学校，而这些学校缺乏政府的财政支持。因此，当前最为重要的任务就是消除这些歧视性政策，将流动人口的子女和打工子弟学校纳入公立学校体系。这要求中央和地方政府在政策与财政上给予制度保障，致力于给流动儿童提供应有的教育；这在许多城市地区都被忽视了。随着流动儿童进入城市公立学校并享受其他城市公共服务资源，留守儿童能够随进城务工的父母进入城市，留守儿童的数量会逐渐减少。国务院 2014 年发布的《关于进一步推进户籍制度改革的意见》（国发〔2014〕25 号）指出，到 2020 年建立统一的基于经常居住地的户籍制度，取代现有的带有歧视性的严格的户口制度。该意见提出的另一个目标是，到 2020 年，让 1 亿左右的农村流动人口和其他城市常住人口在城市落户，可与城市居民同等享受公共服务。如果这些目标得以实现，那么流动儿童可进入城市当地的公立学校，并享受其他社会保障服务，从而从中受益。

对于农村儿童，许多研究者认为政府对农村地区的学校重视不够、投入不足，建议增加农村地区的人力资源投资（Heckman，2005）。在第 2 章，我们已经讨论了农村地区中小学撤并政策对农村儿童及其家庭的不利影响。学校撤并的一个后果就是，农村孩子要么走更远的路去上学，要么在很小的年龄就变成住校生。虽然撤点并校政策几年前停止了，但已对一些农村地区的儿童的发展造成了永久性伤害。尽管入学人数减少、财政困难，当地政府还是应当尽力权衡学校撤并带来的短期开支节省优势与给农村孩子可能造成的中长期不利影响。为避免这些措施影响农村孩子就学及其学习成绩，地方政府应当重视在学生的交通、校园设施、教师培训和补助等方面的投入，以提高农村地区公立学校的质量。

除提高农村地区公立学校的质量外，另一项提升农村儿童福利、缩小城乡差距的措施就是为农村儿童提供早期儿童教育。美国和其他发达国家的研究证明，儿童学前教育会带来很多短期和长远利益，特别是对弱势家庭的儿童而言（Duncan & Magnuson，2013）。地方政府可以通过规范托儿所和幼儿园的准入标准、运行标准，为托儿所和幼儿园老师提供培训，为农村家庭提供育儿帮扶等措施，为农村儿童进入高质量的托儿所和幼儿园提供可能与便利。农村儿童，尤其是留守儿童和单亲/孤儿家庭的儿童，在家庭环境和父母参与教育方面普遍不如城市儿童。受父母收入和受教育水平低的影响，农村儿童相对缺乏认知激励的家庭环境和积极的管教方式。早期儿童教育的高水准项目课程融合了认知类和非认知类要素，可以作为丰富家庭环境的替代，促进儿童认知能力和社交技能/情感方面的发展。

除了在学习成绩上的城乡差距之外，我们还注意到农村儿童在身体健康和社交/情感方面的发展缺陷。对于留守儿童和单亲/孤儿家庭的儿童来说，尤其需要充分的照料并在社交/情感上得到满足。但是，中国仍然缺乏一个完整的儿童福利体系来提供资源和人力，以满足弱势儿童及其家庭各方面的需要。我们建议各地方政府在弱势儿童比较集中的地方设立专门机构，派专业人士专职协调，为这些儿童及其家庭提供各类所需服务。近些年，有些农村社区尝试安排专人（称为“儿童福利督导专员”）为弱势儿童及其照料者提供帮扶（中国儿童福利示范项目协调办公室、北京师范大学中国公益研究院儿童福利研究中心，2013）。儿童福利督导专员的众多职责包括：确认亟须帮助的儿童及其家庭；协助他们从不同机构获得必要的服务；培训儿童的父母和其他抚养人，使他们掌握适当的管教技巧。美中不足的是，这些地区绝大多数的儿童福利督导专员没有受过儿童发展或社会工作方面的培训。因此，儿童在社交/情感方面的需求往往得不到重视。除了在农村社区的介入外，农村寄宿制学校也应该成为另一种可采取有效措施满足儿童社交/情感需求的主要环境。这些学校应当设置社会工作岗位，招募有学校社工和咨询培训经历的人员。这些社工不仅要帮助学生克服他们在社交/情感方面遇到的困难，而且要做家访，为孩子的抚养人提供抚养咨询。在提供社工服务之外，如果在儿童的学习内容中加入一般的社交/情感课程，将使农村地区的儿童受益匪浅（Durlak，Weissberg，Dymnicki，Taylor，& Schellinger，2011）。美国的一些学校已经开设类似的课程并取得了很大的成效，提升了学生的社交/情感表达能力。

CFPS 是中国国内唯一一个抽样调查全国儿童并收集其详细信息的调查项目。其获得的数据让我们得以从多角度、多层次来考察儿童的发展状况。据我们所知，本书是针对中国儿童发展状况的最为全面的调查报告。尽管如此，由于报告是基于 CFPS 于 2010 年收集的数据而展开分析的，它的结论也许不能完全反映当下儿童的发展状况。鉴于 CFPS 是一个动态的长期跟踪调查项目，有必要及时利用最新的儿童调查数据，更新报告结论。这将有利于及时披露中国儿童发展现况，同时也有利于展现中国儿童各方面状况的历时变迁。

尽管本书的内容涵盖儿童发展状况的许多方面，但我们也意识到我们的数据和报告结论本身的局限性。首先，一些指标（比如 BMI 和出生体重低）是基于儿童照料者的报告，这可能会受到回忆偏差的影响。现场测量的儿童身高、体重以及出生证明上所记录的出生体重要比照料者所报告的信息更为精确。其次，我们还缺少有关儿童发育和生活环境等重要方面的一些具体数据。我们希望收集儿童行为问题和在家庭及学校里受侵害经历方面的资料。我们也希望 CFPS 能够收集家庭运行方面（比如家庭冲突等方面）以及学校班级规模和校园设施等方面的数据。

# 参考文献

## 中文文献

蔡志良、孔令新，2014，《撤点并校运动背景下乡村教育的困境与出路》，《清华大学教育研究》第35卷第2期，第114～119页。

陈文、蒋虹丽、黄韻宇，2009，《城市儿童医疗保障的演变与发展现况分析》，《中国卫生政策研究》第2卷第2期，第18～23页。

褚卫中、张玉慧，2012，《农村义务教育“撤点并校”负面影响分析》，《教学与管理》第7期，第10～12页。

崔多立，2012，《应重新评估农村“撤点并校”的实效——黑龙江省农村学校布局调整后的调查》，《教育探索》第3期，第86～87页。

丁明秀，2012，《农民工子女随迁入学的制度性障碍与保障》，《中国农学通报》第28卷第2期，第157～160页。

段成荣、吕利丹、王宗萍、郭静，2013，《我国流动儿童生存和发展：问题与对策》，《南方人口》第28卷第4期，第44～55页。

21世纪教育学院，2013，《农村教育向何处去：对农村撤点并校政策的评价与反思》，北京理工大学出版社。

樊丽明、解垩、尹琳，2009，《农民参与新型农村合作医疗及满意度分析——基于3省245户农户的调查》，《山东大学学报》（哲学社会科学版）第1期，第52～57页。

范铭、郝文武，2011，《对农村学校布局调整三个“目的”的反思——以陕西为例》，《北京大学教育评论》第9卷第2期，第178~187页。

范先佐、郭清扬，2009，《我国农村中小学布局调整的成效、问题及对策——基于中西部地区6省区的调查与分析》，《教育研究》第348期，第31~38页。

方亮、刘银，2013，《农村小学“撤点并校”的成效与困境分析》，《西南石油大学学报》（社会科学版）第15卷第3期，第36~41页。

郭于华、黄斌欢，2014，《世界工厂的“中国特色”：新时期工人状况的社会学鸟瞰》，《社会》第34卷第4期，第49~66页。

国家统计局，2015，《2014年全国农民工监测调查报告》，http://www.stats.gov.cn/tjsj/zxfb/201504/t20150429_797821.html。

国家统计局住户调查办公室，2015，《中国农村贫困监测报告（2015）》，中国统计出版社。

国务院妇女儿童工作委员会办公室、国家统计局社会科技和文化产业统计司、联合国儿童基金会，2014，《中国儿童发展指标图集（2014）》，http://www.unicef.cn/cn/uploadfile/2015/0323/20150323031107419.pdf。

《国务院关于进一步推进户籍改革的意见》（国发〔2014〕25号），http://www.gov.cn/zhengce/content/2014-07/30/content_8944.htm。

胡宁、方晓义、蔺秀云，2009，《北京流动儿童的流动性、社交焦虑及对孤独感的影响》，《应用心理学》第2期，第166~176页。

柯梦圆、徐璐、张秀先，2015，《撤点并校加剧农村教育空心化》，《知识经济》第5期，第27~28页。

雷万鹏，2010，《义务教育学校布局：影响因素与政策选择》，《华中师范大学学报》（人文社会科学版）第49卷第5期，第155~160页。

李盼强、曾尔琴、杨国辉，2012，《公平与效益的博弈——关于中部地区农村中小学撤点并校的调查与反思》，《湖南人文科技学院学报》第4期，第103~108页。

刘云德、王胜今、尹豪、古清中，1988，《独生子女与非独生子女比较研究调查报告》，《人口学刊》第3期，第17~21页。

吕萍、谢宇，2013，《中国家庭追踪调查2010年基线调查权数计算》（第二版），载北京大学中国社会科学调查中心编《中国家庭追踪调查技术报告系列（CFPS-17）》，http://www.isss.edu.cn/CFPS/wd/jsbg/2010jsbg/。

罗晓明，2005，《经济发达地区流动人口子女学校学生基本健康状况调查》，《医学文选》第24卷第6期，第890~891页。

马佳宏、卢梅春、李良，2011，《新一轮农村中小学布局调整的成效与问题分析——基于广西的调查与思考》，《广西师范大学学报》（哲学社会科学版）第47卷第2期，第89~93页。

马瑞、徐志刚、仇焕广、白军飞，2011，《农村进城就业人员的职业流动、城市变换和家属随同状况及影响因素分析》，《中国农村观察》第1期，第2~19页。

潘珊，2014，《中国留守儿童现状的调研报告——基于东中西部的对比分析》，《中南财经政法大学研究生学报》第2期，第33~40页。

全国妇联课题组，2013，《我国农村留守儿童、城乡流动儿童状况研究报告》，http://acwf.people.com.cn/n/2013/0510/c99013-21437965.html。

单丽卿、王春光，2015，《“撤点并校”的政策逻辑》，《浙江社会科学》第3期，第84~96页。

陶青、卢俊勇，2011，《农村小班化教学：促进城乡教育均衡发展的有效途径——“撤点并校”十年后的调查》，《教育理论与实践》第10期，第24~26页。

万明钢，2009，《以促进教育公平和教育均衡发展的名义——我国农村“撤点并校”带来的隐忧》，《教育科学研究》第10期，第 19 ~ 20 页。

王红漫、顾大男、杜远举、邓喜先、王宏艳，2007，《新型农村合作医疗参与、满意度及持续性的影响因素分析》，《中国人口科学》第 5 期，第 42 ~ 49 页。

王瑞敏、邹泓，2010，《北京市流动儿童主观幸福感的特点》，《中国心理卫生杂志》第 24 卷第 2 期，第 131 ~ 134 页。

卫生部，2012，《中国 0 ~ 6 岁儿童营养发展报告（2012）》，http://wenku.baidu.com/link?url = 3piNs2AffygJqMDIyMFHh7vkMdrkS9XVcsq_ft5kgPw1Ve8W4O_2NC8RCJAW8wtE2nZrex-rPpLv57KauaQUH7QlSVCGxCarpWupZydkpou。

谢宇、邱泽奇、吕萍，2012，《中国家庭追踪调查抽样设计》，载北京大学中国社会科学调查中心编《中国家庭追踪调查技术报告系列（CFPS - 1）》，http://www.isss.edu.cn/cfps/d/file/wd/jsbg/2010jsbg/c70c703752f7f6f24e27b5a8a85c1cba.pdf。

新公民计划，2014，《中国流动儿童数据报告》，http://vdisk.weibo.com/s/cUAqwRk-ow3o? sudaref = www.ngocn.net。

熊春文，2009，《20 世纪 90 年代末以来中国乡村教育的新趋向》，《社会学研究》第 5 期，第 110 ~ 140 页。

徐国英，2013，《农村中小学撤点并校政策价值分析》，《教育理论与实践》第 32 卷第 31 期，第 21 ~ 24 页。

姚兆余、张蕾，2013，《新型农村合作医疗制度模式对农民就医行为的影响》，《南京农业大学学报》（社会科学版）第 13 卷第 1 期，第 95 ~ 102 页。

张果、曾永明，2013，《城乡分割、城乡一体与农村人口发展》，《四川师范大学学报》（社会科学版）第 40 卷第 6 期，第 80 ~ 87 页。

张伟源、覃玉宇、吴俊端，2010，《南宁市 536 名流动儿童行为问题分析》，《中国学校卫生》第 1 期，第 60 ~ 61 页。

赵贞、邬志辉，2015，《撤点并校带来的乡村文化危机》，《现代中小学教育》第 31 卷第 1 期，第 11 ~ 15 页。

郑磊、吴映雄，2014，《劳动力迁移对农村留守儿童教育发展的影响——来自西部农村地区调查的证据》，《北京师范大学学报》（社会科学版）第2卷第2期，第139～146页。

中国儿童福利示范项目协调办公室、北京师范大学中国公益研究院儿童福利研究中心，2013，《中国儿童福利示范项目中期评估报告》（内部资料）。

中国科学院，2012，《2012中国可持续发展战略报告》，http:/www.chinanews.com/gn/2012/03－12/3737442.shtml。

中华人民共和国国家统计局编，2011，《中国统计年鉴》（2011），中国统计出版社。

邹泓、屈智勇、张秋凌，2005，《中国九城市流动儿童发展与需求调查》，《青年研究》第2卷第3期，第1～7页。

**英文文献**

Bandura, A. (1989). Social cognitive theory. In R. Vasta (eds.), *Annals of child development. Vol. 6. Six theories of child development.* Greenwich, CT: JAI Press.

Becker, Gary. (1981). *A treatise on the family.* Cambridge, MA: Harvard University Press.

Bornstein, M. H., & Bradley, R. H., eds. (2012). *Socioeconomic status, parenting, and child development.* New York, NY: Routledge Press.

Bradley, R. H., & Corwyn, R. E. (2002). Socioeconomic status and child development. *Annual Review of Psychology*, 53: 371－399.

Breslau, J., Lane, M., Sampson, N., & Kessler, R. C. (2008). Mental disorders and subsequent educational attainment in a US national sample. *Journal of Psychiatric Research*, 42(9):708－716.

Bronfenbrenner, U. (1979). Contexts of child rearing: Problems and prospects. *American Psychologist*, 34(10): 844－850.

Chan, A. (2009). *Paying the price for economic development: The children of migrant workers in China*. Hong Kong: China Labor Bulletin.

Chan, K. -W. , & Zhang, L. (1999). The *hukou* system and rural-urban migration in China: Processes and changes. *The China Quarterly*, 160:818 - 855.

Chan, W. K. , & Buckingham, W. (2008). Is China abolishing the *hukou* system? *The China Quarterly*, 195:582 - 606.

Chen, X. , Huang, Q. , Rozelle, S. , Shi, Y. , & Zhang, L. (2009). Effect of migration on children's educational performance in rural China. *Comparative Economic Studies*, 51(3):323 - 343.

Conger, R. D. , Conger, K. J. , & Martin, M. (2010). Socio-economic status, family processes, and individual development. *Journal of Marriage and Family*, 72: 686 - 705.

Cunha, F. , & Heckman, J. J. (2010). Investing in our young people (National Bureau of Economic Research working paper). Retrieved from NBER website: http://www.nber.org/papers/w16201.

Dollar, D. (2007). Poverty, inequality, and social disparities during China's economic reform. World Bank Policy Research Working Paper. Retrieved from: https://www.nlsinfo.org/content/cohorts/nlsy79/other-documentation/codebook-supplement/nlsy79-appendix-21-attitudinal-scales.

Dornbusch, S. M. , Ritter, P. L. , Leiderman, P. H. , Roberts, D. F. , & Fraleigh, M. J. (1987). The relation of parenting style to adolescent school performance. *Child Development*, 58(5): 1244 - 1257.

Duncan, G. J. , & Magnuson, K. (2013). Investing in preschool programs. *Journal of Economic Perspectives*, 27(2): 109 - 132.

Durlak, J. A. , Weissberg, R. P. , Dymnicki, A. B. , Taylor, R. D. , & Schellinger, K. B. (2011). The impact of enhancing students' social and emotional learning: A meta-analysis of school-based universal interventions. *Child Development*, 82(1): 405 - 432.

Fan, F., Su, L., Gill, M. K., & Birmaher, B. (2010). Emotional and behavioral problems of Chinese left-behind children: A preliminary study. *Social Psychiatry and Psychiatric Epidemiology*, 45(6): 655-664.

Festini, F., & de Martino, M. (2004). Twenty five years of the one child family policy in China. *Journal of Epidemiology and Community Health*, 58(5): 358-360.

Fong, V. L. (2002). China's one-child policy and the empowerment of urban daughters. *American Anthropologist*, 104(4): 1098-1109.

Green, J. G., Gruber, M. J., Sampson, N. A., Zaslavsky, A. M., & Kessler, R. C. (2010). Improving the K6 Short Scale to predict serious emotional disturbance in adolescents in the USA. *International Journal of Methods in Psychiatric Research*, 19(1): 23-35.

Hamoudi, A., Murray, D. W., Sorensen, L., & Fountaine, A. (2014). Self-regulation and toxic stress: A review of ecological, biological, and developmental studies of self-regulation and stress. In *OPRC Report #2015-30*. Washington, DC: U. S. Department of Health and Human Services.

Heckman, J. J. (2005). China's investment in human capital. *China Economic Review*, 16: 50-70.

Heckman, J. J., Moon, S. H., Pinto, R., Savelyev, P. A., & Yavitz, A. (2010). The rate of return to the high scope perry preschool program. *Journal of Public Economics*, 94(1): 114-128.

Henrich, C., & Gadaire, D. (2008). Head start and parental involvement. *Infants and Young Children*, 21(1): 56-69.

Huang, Y. (2012). Low-income housing in Chinese cities: Policies and practices. *The China Quarterly*, 212: 941-964.

Jin, L., Wen, M., Fan, J., & Wang, G. (2012). Trans-localties, local ties and psychological well-being among rural-to-urban migrants in Shanghai. *Social Science and Medicine*, 75(2): 288-296.

Johnson, J. G. , Cohen, P. , Smailes, E. M. , Skodol, A. E. , Brown, J. , & Oldham, J. M. (2001). Childhood verbal abuse and risk for personality disorders during adolescence and early adulthood. *Comprehensive Psychiatry*, 42(1): 16 – 23.

Kramer, M. S. (1987). Determinants of low birth weight: Methodological assessment and meta-analysis. *Bulletin of the World Health Organization*, 65(5): 663 – 737.

Lei, X. , & Lin, W. (2009). The new cooperative medical scheme in rural China: Does more coverage mean more service and better health? *Health Economics*, 18(2): S25.

Linver, M. R. , Brooks-Gunn, J. , & Kohen, D. E. (2002). Family process as pathways from income to young children's development. *Developmental Psychology*, 38(5): 719 – 734.

Maier, E. H. , & Lachman, M. E. (2000). Consequences of early parental loss and separation for health and well-being in midlife. *The International Journal of Behavioral Development*, 24(2): 183 – 189.

Meng, Q. , Xu, L. , Zhang, Y. , Qian, J. , Cai, M. , Xin, Y. , & Barber, S. L. (2012). Trends in access to health services and financial protection in China between 2003 and 2011: A cross-sectional study. *The Lancet*, 379(9818): 805 – 814.

Moore, K. A. , Theokas, C. , Lippman, L. , Bloch, M. , Vandivere, S. , & O'Hare, W. (2008). A microdata child well-being index: Conceptualization, creation, and findings. *Child Indicators Research*, 1: 17 – 50.

Ogden, C. L. , Carroll, M. D. , Kit, B. K. , & Flegal, K. M. (2014). Prevalence of childhood and adult obesity in the United States, 2011 – 2012. *Journal of the American Medical Association*, 311(8): 806 – 814.

Pong, M. (2014). *Educating the children of migrant workers in Beijing: Migration, education and policy in urban China*. New York, NY:

Routledge.

Qian, X., & Smyth, R. (2008). Measuring regional inequality of education in China: Widening coast-inland gap or widening rural-urban gap? *Journal of International Development*, 20(2): 132 – 144.

Ren, Q., & Treiman, D. J. (2016). The consequences of parental labor migration in China for children's emotional well-being. *Social Science Research*, 58: 46 – 67.

Ren, X. (2013). *Urban China*. Cambridge, UK; Malden, MA: Polity Press.

Reynolds, A., Temple, J., & Ou, S. (2011). School-based early childhood education and age-28 well-being: Effects by timing, dosage, and subgroups. *Science*, 333(6040): 360 – 364.

Rosenzweig, M. R., & Zhang, J. (2009). Do population control policies induce more human capital investment? Twins, birth weight and China's "one-child" policy. *The Review of Economic Studies*, 76(3): 1149 – 1174.

Sampson, R. J. (2003). The neighborhood context of well-being. *Perspectives in Biology and Medicine*, 46: S53 – S73.

Shonkoff, J. P., & Phillips, D. A. (Eds.) (2000). *From neurons to neighborhoods: The science of early childhood development*. Washington, DC: National Academies Press.

Stata Corp. (2013). *Stata survey data reference manual, release 13*. College Station, TX: Stata Corp LP.

Tang, F., & Qin, P. (2015). Influence of personal social network and coping skills on risk for suicidal ideation in Chinese university students. *PLoS One*, 10(3), e0121023. doi: 10.1371/journal.pone.0121023.

Vissing, Y. M., Straus, M. A., Gelles, R. J., & Harrop, J. W. (1991). Verbal aggression by parents and psychosocial problems of children. *Child Abuse & Neglect*, 15(3):223 - 238.

Wagstaff, A., Lindelow, M., Wang, S., & Zhang, S. (2009). *Reforming China's rural health system*. Washington, DC:World Bank.

Wang, F. -L. (2005). *Organization through division and exclusion: China's hukou system*. Stanford, CA: Stanford University Press.

Wang, F. -L. (2010). Renovating the great floodgate:The reform of China's *hukou* system. In Martin King Whyte (Ed.), *One country, two societies:Rural-urban inequality in contemporary China* (pp. 335 - 364). Cambridge, MA:Harvard University Press.

Weiss, H. B., Caspe, M., & Lopez, M. E. (2006). *Family involvement in early childhood education*. Harvard Graduate School of Education, Harvard Family Research Project, Family involvement makes a difference research brief series No. 1, Spring 2006.

Wen, M., & Lin, D. (2012). Child development in rural China: Children left behind by their migrant parents and children of nonmigrant families. *Child Development*, 83(1): 120 - 136.

World Bank. (2005). *Insuring rural China:Rising to the challenge*. Retrieved from:http://documents. worldbank. org/curated/en/2005/05/6219702/rural-health-insurance-rising-challenge.

World Bank. (2015a). *China overview*. Retrieved from: http://www. worldbank. org/en/country/china/overview.

World Bank. (2015b). *East Asia's changing urban landscape:Measuring a decade of spatial growth*. Retrieved from: http://www. worldbank. org/content/dam/Worldbank/Publications/Urban% 20Development/EAP_Urban_Expansion_full_ report_web. pdf.

Xiang, B. (2007). How far are the left-behind left behind? A preliminary study in rural China. *Population Space and Place*, 13(3): 179 - 191.

Ye, J., Wang, C., Wu, H., He, C., & Liu, J. (2013). Internal migration and left-behind populations in China. *The Journal of Peas-*

*ant Studies*, 40(6): 1119 - 1146.

Yeung, W. J., Linver, M. R., & Brooks-Gunn, J. (2002). How money matters for young children development: Parental investment and family process. *Child Development*, 73(6): 1861 - 79.

Yi, H., Zhang, L., Luo, R., Shi, Y., Mo, D., Chen, X., Brinton, C., & Rozelle, S. (2012). Dropping out: Why are students leaving junior high in China's poor rural areas? *International Journal of Educational Development*, 32(4): 555 - 563.

# THE STATE OF CHILDREN IN CHINA

CHILDREN

LIJUN CHEN　DALI L. YANG　QIANG REN

SSAP 社会科学文献出版社
SOCIAL SCIENCES ACADEMIC PRESS (CHINA)

# About the Authors

Lijun Chen, Ph. D. , senior researcher with Chapin Hall at the University of Chicago. His research interests include the development and general well-being of vulnerable children from disadvantaged backgrounds and the welfare of the elderly in both developed and developing countries, and the analysis and evaluation of government policies and programs to promote the wellbeing of children and the elderly. He is proficient in statistical modeling and analysis of longitudinal and survival data, and has worked with different survey and administrative data sets from China and the US to understand the effects of personal attributes and contextual factors on the wellbeing of children and the elderly. He has published in *Social Service Review* and *Children and Youth Service Review*.

Dali L. Yang is the William Claude Reavis Professor of Political Science at the University of Chicago. He was the founding Faculty Director of the University of Chicago Center in Beijing and is currently Senior Advisor to the President and Provost on Global Initiatives. Details of his publications are available at https://daliyang. org/.

Qiang Ren, Ph. D. , is Associate Professor at the Center for Social Research and Associate Director of the Institute of Social Science Survey, Peking University. His research interests include environment and health, children development, and population issues on fertility, mortal-

ity, labor force, housing, and sex ratio at birth. He is a co-PI of the China Family Panel Studies. In 2003 he received an award from the American Academy of Pediatrics for outstanding achievement in child health, with particular recognition for iodine deficiency control.

# Acknowledgements

In preparing this report, we were fortunate to have received generous financial support from the Joint Research Fund (Award No. 2014 - 003 "State of the Child in China") established by Chapin Hall and the University of Chicago to support collaborative research between the two institutions. We thank the Institute of Social Science Survey at Peking University for permitting us to use data from the 2010 China Family Panel Studies. We also gratefully acknowledge financial support from the Confucius Institute at the University of Chicago.

We owe special thanks to Fred Wulczyn, senior research fellow at Chapin Hall, for his guidance and advice throughout the whole project. Without his contribution we would not have been able to carry out this study. We would also like to thank Yinxian Zhang and Yuanqi Wang for excellent research assistance with the data analysis and literature review. We also thank Wangyang Li and Lan Li for their translation of the Chinese edition.

We presented our preliminary findings at the "Workshop on the State of China's Children" held at the University of Chicago Center in Beijing in July 2015. We are indebted to the Center and its superb team for their assistance. We wish to thank the participants of the workshop, especially Ming Wen (University of Utah), Zhixin Du (China Development Research Foundation), and Danhua Lin (Beijing Normal University) for their insightful comments and fellowship.

# Table of Contents

# 1. Introduction

## Significance of the Study

According to the 2010 China Population Census data, the country is home to 222.6 million children between the ages of zero and 14, accounting for 16.6% of the total population in mainland China (National Bureau of Statistics of China, 2011). Since the early 1980s, the living conditions and environments of Chinese children have changed dramatically due to rapid industrialization, massive urbanization, and a stringent family planning policy (see World Bank, 2015a).

On the one hand, with industrialization and economic development, the economic conditions and physical well-being of Chinese children have generally improved. This is especially true for children in rural areas where tens of millions of parents can earn extra income from industrial or service jobs other than agriculture (NWCCW, NBS, & UNICEF, 2014). Meanwhile, China's family planning policy that allows one child for each urban couple and at most two for a rural couple has led to smaller family unit. This policy has helped boost the economic resources and emotional cherishment for the single children to the extent that they are treated by their families like "little emperors" (Rosenzweig & Zhang, 2009).

However, the unbalanced economic growth in recent decades has also posed serious challenges for the well-being of children, especially for those in rural areas. Four challenges stand out in particular. First, economic disparity between rural and urban areas has remained and even increased in this period. The urban per capita disposable income has been over three times the rural per capita net income (National Bureau of Statistics [NBS], 2011). In 2012, 128 million Chinese people, mostly rural residents, were still living in poverty with an annual per capita income of less than 2,300 Yuan (equivalent to 1.6 USD per day) (China Academy of Sciences, 2012). The income gaps between urban and rural areas have contributed to rural-urban disparities in child care and educational resources available to children. Second, multiple researchers have identified various developmental deficits for migrant children (Wang & Zou, 2010). Due to exclusionary policies and practices against migrant laborers in many municipalities, children of migrant workers have difficulty attending local public schools and gaining access to other public services (Chan, 2009). The relatively meager income, poor living conditions, and housing instability of most migrant laborers have also put their children at a disadvantage in comparison to their urban counterparts.

Third, exclusionary policies imposed in many urban areas have forced migrant laborers to leave their children behind in rural homes. In 2010, there were 61 million children who were left behind in rural areas, 22 percent of all children in China (NWCCW, NBS, & UNICEF, 2014). Previous research shows long periods of parental absence may adversely affect the psychological, social, and cognitive development of children, leading to problems such as low self-esteem, depression, and lack of motivation at school among others (Wen & Lin, 2012; Xiang, 2007). Without proper adult supervision, left-behind children are also more likely to be victimized (Chen, Huang, Rozelle, Shi, & Zhang,

2009). Fourth, other government policies and practices in some rural regions-particularly the consolidation of rural schools-have exacerbated the plight of many rural children. This policy is to blame for the fact that children living in remote areas have difficulties accessing education.

The conditions of Chinese children, especially left-behind children and migrant children, have caused great concern among government administrators and the general public. There have been plenty of journalistic reports on the plight of rural children. In addition to media coverage, many organizations and scholars, both in China and abroad, have conducted academic studies and research on the socioeconomic conditions of children in China and their developmental outcomes. They have also made policy recommendations to address the developmental disparities between rural and urban areas and improve the well-being of children (Xiang, 2007; All-China Women's Federation, 2013; New Citizen Program, 2014; Zou, Qu, & Zhang, 2005).

Despite the many studies of the situations of children in China, most of them are focused on a limited number of aspects of child development without providing a full picture of children's conditions. For instance, in terms of child well-being, official government reports only present limited indicators, such as infant mortality, physical health, and school enrollment, while social-emotional well-being indicators and other subjective well-being indicators-such as self-esteem and sense of happiness-are absent. Besides, most studies on child well-being are based on non-representative samples drawn only from a few regions and certain age groups. Therefore, their findings cannot be generalized to the whole child population at the national level.

Our study, which is based on nationally representative household survey data, strives to offer a comprehensive view of the conditions of today's children in China. In this report, we cover all major domains of

child development, including children's physical health, mental and psychological well-being, social well-being, and their cognitive and educational development. Our report focuses on examining the developmental disparities between children of rural and urban regions and between children who have different living arrangements (for instance, between left-behind children and migrant children). We also strive to reveal variations in the ecological contexts of these children (i. e., the different conditions of their families and communities that may have contributed to their different developmental trajectories).

We hope that our efforts will help identify the most vulnerable groups of children in China and their developmental deficits. Our efforts to find the risk and protective factors in these children's social contexts may also help government agencies and other stakeholders to formulate and implement targeted policies and programs to promote child well-being.

## Multiple Contexts of Child Well-being

Scientific research in child development has long recognized the importance of living environments and nurturing relationships for the healthy development of children (Bronfenbrenner, 1979; Shonkoff & Phillips, 2000). Early childhood experiences in multiple contexts such as families, peer groups, schools, and communities will have a profound long-term impact on children's development and well-being. Typi-cally, children spend most of their infancy and toddlerhood with parents and other caregivers at home. Therefore, aside from economic resources of the family, a nurturing relationship with caregivers and a cognitively stimulating home environment are essential to children's social and cognitive development (Conger, Conger, & Martin, 2010). Child care insti-

tutions and schools are also major venues where children learn important social and emotional skills as well as academic knowledge (Durlak, Weissberg, Dymnicki, Taylor, & Schellinger, 2011; Reynolds, Temple, & Ou, 2011). These skills formed in the school years are essential for children to become constructive members of society when they grow up. One last major social context in which children learn to interact is the neighborhood. Neighborhood social norms, collective efficacy, safety, poverty level, and access to social service facilities are all important to the well-being of children and their caregivers alike (Sampson, 2003).

Given the close relationship between living environment and well-being, children of lower socioeconomic status often face multiple disadvantages. Without effective policy interventions, the toxic environments of these vulnerable children will have a serious impact on their short-term development and long-term well-being. Therefore, this study aims to understand various aspects of social contexts, such as family functioning and community quality, that may contribute to the developmental deficits of vulnerable children in China. We pay special attention to the rural-urban disparities in child well-being, describing the developmental deficits of rural children, especially left-behind and migrant children, in contrast to their urban counterparts. We also examine the family and social contexts of the children to reveal various factors that may have contributed to the rural-urban disparities of child well-being.

## Data and Methodology

This study is based on the 2010 baseline wave of the China Family Panel Studies (CFPS). Designed and administered by Peking University, CFPS is a longitudinal survey of a nationally representative sample of

nearly 15,000 families. ①It adopts a stratified three-stage cluster sample design where over 600 urban and rural communities are selected. From each community, 25 households are chosen at random(see Xie, Qiu, & Lu, 2012). Data are collected for all sample communities and all members of sample households, including family members who are migrant workers. The 2010 CFPS has complete data for 8,990 children between the age of zero and 15, including caregiver reports for all children and direct interviews with children between 10 and 15 years old. Information collected includes outcomes on major domains of child well-being such as physical health, social-emotional development, cognitive development, and educational achievement. Contextual information includes family living conditions, poverty level, parent education and employment, parenting behavior, community contexts, and other areas. The wealth of information on children provides us with the opportunity to achieve a comprehensive understanding of the development and well-being of the children in China.

Due to the complex sampling design and oversampling of children in some strata, the 2010 CFPS data introduce a population weight variable that accounts for sampling design, nonresponse, and post-stratification adjustment(Lu & Xie, 2013). In order to depict an unbiased and accurate picture of the conditions of children in China, we decided to use the survey data analysis methods that take into account the survey design effects and unequal population weights. The statistical analysis software we used is Stata/SE 12, and we applied Stata's survey data analysis commands in all of our analysis(Stata Corp, 2013).

---

① Six provinces, Hainan, Inner Mongolia, Ningxia, Qinghai, Xinjiang, and Tibet, are not included in the sample for various reasons. Four of the regions are in remote border regions and Hainan is a small island province located in the South China Seas. Together they make up only 5 percent of the total population in China.

We conducted univariate and bivariate analysis to examine the child well-being outcomes in different social and familial contexts and analyze the associations between them. We also adopted multiple linear and logistic regression methods to understand the unique contribution of demographic and contextual factors to child well-being outcomes.

The basic demographic information of the sampled children grouped by urban and rural community type is shown in Table 1 – 1. The grouping of communities as rural or urban is based on whether the sampled community is reported by the village administrator as a Village Committee (村委会) or Urban Resident Committee (居委会). As shown in the table, 26.9 percent of the sampled children are living in urban communities. Our estimate of the urban population is conservative compared to the estimate of the National Bureau of Statistics, which, based on different criteria, identifies half of the population as urban. Our estimate is more in line with the residence registration (*hukou*) status of the children since it captures most of the 24.1 percent of children with urban *hukou* but excludes most children with rural *hukou*. Based on their family structure, number of parents living at home, and community type, we further categorized the sample children into five groups: children in rural intact families (with both parents married and at home), urban intact families (with both parents married and at home), children left behind by one or both parents (both parents married but only one or no parent at home), migrant children without local *hukou* (both parents married), and single-parent or no-parent children (parents divorced, or one or both parents died or unknown). As shown in Table 1 – 1, 67.1 percent of all children live in intact families with both parents married and living together with the child. The left-behind children are concentrated in rural communities because their father or mother (or both) have left home to work in urban areas. They number over 49 million, or 21.4 percent of all children in

**Table 1 – 1　Characteristics of Children in Rural and Urban Areas in China**

| Characteristic | Rural | | Urban | | Total | |
|---|---|---|---|---|---|---|
| | % | *n* | % | *n* | % | *N* |
| All children | 73.1 | 6795 | 26.9 | 2195 | 100.0 | 8990 |
| Child age | | | | | | |
| 0 to 5 | 37.0 | 2526 | 34.1 | 817 | 36.2 | 3343 |
| 5 to 10 | 31.2 | 2068 | 31.8 | 681 | 31.4 | 2749 |
| 10 to 15 | 31.8 | 2201 | 34.1 | 697 | 32.4 | 2898 |
| Gender * | | | | | | |
| Female | 45.1 | 3189 | 47.4 | 1049 | 45.7 | 4238 |
| Male | 54.9 | 3606 | 52.6 | 1146 | 54.3 | 4752 |
| Ethnicity * | | | | | | |
| Ethnic minority | 19.1 | 940 | 9.9 | 188 | 16.6 | 1128 |
| Han ethnicity | 80.9 | 5855 | 90.1 | 2007 | 83.4 | 7862 |
| *Hukou* Registration * | | | | | | |
| Urban *hukou* | 7.6 | 584 | 69.0 | 1533 | 24.1 | 2117 |
| Rural *hukou* | 92.4 | 6211 | 30.9 | 662 | 75.9 | 6873 |
| # of Parents at Home * | | | | | | |
| None | 15.0 | 1001 | 7.9 | 174 | 13.1 | 1175 |
| 1 parent | 15.5 | 1126 | 12.7 | 268 | 14.8 | 1394 |
| 2 parents | 69.5 | 4668 | 79.4 | 1753 | 72.1 | 6421 |
| Resident Type * | | | | | | |
| Rural intact family | 67.1 | 4494 | 0 | 0 | 49.0 | 4494 |
| Urban intact family | 0 | 0 | 66.6 | 1463 | 17.9 | 1463 |
| Left-behind children | 24.8 | 1744 | 12.0 | 265 | 21.4 | 2009 |
| Migrant children | 3.7 | 273 | 15.4 | 344 | 6.8 | 617 |
| Single/No parent family | 4.4 | 284 | 6.0 | 123 | 4.8 | 407 |
| **Total** | **100.0** | **6795** | **100.0** | **2195** | **100.0** | **8990** |

Note: 2010 CFPS child sample $N = 8990$. Percentages are weighted; counts are unweighted. * $p < 0.05$ based on designed-based Pearson chi square statistic.

China. ①Migrant children are those whose *hukou* is not within the local county or district where they currently live with their parents. They are called migrant children because, most probably, their parents have migrated to the current community in search for jobs and brought the children along. Our analysis indicates that over 16 million children are those who have migrated to new communities with their parents, 6.8 percent of all children. ②While 60 percent of the migrant children live in urban areas, the remaining migrant children live in rural communities. The last group of children (about 5%) is single or no-parent children because one or both parents have died or their parents are divorced and no longer live with the children. Nearly two-thirds of these children live in rural areas.

## Overview

Including this introductory section, this report has nine sections. In Section 2, we provide a general overview of the national environment and policy context for the development and well-being of the children. We describe the *hukou* system, the urbanization process, the family planning

① According to the report by National Bureau of Statistics of China (2105), the 2010 Census identifies 69.73 million children aged zero to 17 as left-behind children, taking up nearly 25% of the child population in China. If we count in the children from single/no parent families whose parents have migrated to work, our estimate is similar to the census report.

② The 2010 Census data indicates that the total number of migrant children zero to17 years old numbered 35.81 million, about 12 percent of the total child population (see Duan, Lu, Wang, & Guo, 2013). If we exclude about 38 percent of the children that migrate within a county/district and exclude the children who are 16 or older, the total number of migrants will be nearly 17 million, which is similar to our estimate based on the CFPS data. Since the CFPS data does not provide information on within-county migration, we cannot identify children who have migrated within counties/districts.

policy, and school consolidation, and discuss their implications for child well-being. Sections 3 to 6 address different domains of child well-being outcomes in rural and urban areas and by resident type. Section 3 covers the economic well-being of children in China, including family poverty level and living conditions. Section 4 describes the children's physical health, including incidences of low birth weight, sickness and hospitalization, and overweight and obesity. In Section 5, we address the psychological and social well-being of children, such as sense of happiness, depression, self-esteem, social skills, and number of good friends. Section 6 analyzes children's cognitive development and educational outcomes. We examine the proportion of children in kindergartens and schools in rural and urban areas as well as their school performance, vocabulary and math test scores, and school satisfaction. Section 7 examines the family and community contexts of children, including family structure, parenting behavior, and community resources. In Section 8, we detail a series of multiple regression models we ran to estimate the effects of different aspects of family and social contexts on child development. Section 9 summarizes our findings and points out their major policy implications for promoting the welfare of children in China.

# 2. Laying the Groundwork: National Environment and Policy Context

Though child well-being and development is a universal concern, each country faces unique challenges, including those presented by the cultural and political contexts. In China, the most influential contexts are the *hukou* system and the country's controversial family planning policies. These institutions have posed specific challenges to child development in China, as we describe below.

## The Urban Rural Divide and the *Hukou* System

Established in the late 1950s during the heyday of central planning policy, the *hukou* system is the Chinese household registration system that categorizes an individual resident as a "non-agricultural resident" (居民) in an urban area or an "agricultural resident" (农民) in a rural area. *Hukou* ties people's access to public services and welfare such as education, employment, and healthcare to their residential status, leading to an entrenchment between rural and urban residents (Chan & Zhang, 1999; Wang, 2005, 2010). Urban residents are entitled to a range of social, economic, and cultural bene-

fits that rural residents cannot receive, making rural residents an underclass. This has led to high income inequality between rural and urban residents and posed great barriers for the residential and social mobility of rural residents.

The *hukou*-based governance system has largely limited rural migrant workers' access to services and welfare in urban areas, including education, health care, pensions, and life insurance. While they can move freely to seek jobs, they cannot settle down with full urban resident status, full rights as citizens, and unlimited access to public services and social welfare services. Their children are either denied access to urban public schools or just need to pay extra fees, and oftentimes have to be left behind in the countryside. Even in urban areas where migrants outnumber local residents and contribute tremendously to local economic growth, the distribution of public resources is only intended for local *hukou* residents (Xiang, 2007).

As a response to the increasing social problems, the *hukou* system has been gradually reformed since the 1990s. "Temporary urban residency permits" for migrant workers to work legally in cities were launched in the 1990s. Since 2001, reform measures by various local governments have further weakened the system due to the overwhelming number of rural residents working in cities and their contributions to the urban economy. But these reforms have not fundamentally changed the system. *Hukou* continues to contribute to China's rural and urban disparity (Chan & Buckingham, 2008). On December 4, 2014, the Legal Affairs Office of the State Council released a draft residence permit regulation intending to abolish the *hukou* system in small cities and towns. The implementation is ongoing and the effect of this latest policy remains to be seen.

## The Urbanization Drive, Migrant Population, and Rural Family Structure

Despite the rural-urban divide created by the *hukou* system, China has experienced rapid industrialization and urbanization in the last two decades. According to the National Bureau of Statistics (NBS), by the end of 2013, 53.7 percent of the total population lived in urban areas, increased from 26 percent in 1990. The massive migration of rural workforce from countryside to cities has greatly contributed to this dramatic jump (Ren, 2013). ① However, due to the *hukou* barriers discussed above, few of the migrants can obtain permanent urban citizenship that offers benefits of, for instance, government-provided housing and children's public education (Chan & Buckingham, 2008). Besides institutional discrimination, in cities there is also cultural and individual discrimination against people with rural *hukou* (Jin, Wen, Fan, & Wang, 2012). Therefore, most migrant workers and their families can hardly settle down in cities. According to the NBS, there were 168 million rural-urban migrant workers by the end of 2014. Around 130 million workers migrated alone and only 35 million migrated with families (National Bureau of Statistics of China, 2015); women and children are often left behind in the countryside, leading to a large number of split households in rural areas (Guo & Huang, 2014; Ma, Xu, Qiu, & Bai, 2011; Ye, Wang, Wu, He, & Liu, 2013; Zhang & Zeng, 2013).

① Besides the influx of immigrants, the en mass reclassification of many rural areas surrounding central cities and many rural towns as surban has also raised the percentage of urban population (see Ren, 2013 for details).

Given this context, the children of migrant workers have been largely disadvantaged, regardless of whether they are migrant children in urban cities or children left behind in rural areas. According to the All-China Women's Federation(ACWF, 2013), by the end of 2010, there were around 35.8 million rural-to-urban migrant children between the ages of zero and 17. They are faced with many institutional and cultural barriers within their new homes. The most important of which is the limited access to education. In general, migrant children face formidable barriers to enrolling in local public schools(Pong, 2014). With a few exceptions, migrant children can be admitted to local schools as long as they pay extra fees, yet most migrant families cannot afford to pay. Even if migrant children can afford an urban school, they have to return to their *hukou* registered place to take the entrance examination for a higher level of education. When they return to their *hukou* registered place, the children may find that what they have learned in their schools may be substantially different from what is taught and tested in the *hukou* residence, making it difficult to enroll in a higher level of education(Ding, 2012; Xiang, 2007). In addition to educational barriers, migrant children also suffer from other problems. These include emotional difficulties such as low self-esteem and loneliness, behavioral problems such as smoking and drinking, and physical health problems such as a higher prevalence of infectious diseases(Hu, Fang, & Lin, 2009; Luo, 2005; Zhang, Qin, & Wu, 2010).

Children who are left behind in rural areas also encounter many challenges. According to the All-China Women's Federation (2013), there were more than 61 million left-behind children living in rural China at the end of 2010, which 21.88 percent of the total population of children. Unlike migrant children, the biggest challenge faced by left-behind children is the absence of parents. As reported by the ACWF, 46.74 per-

cent of these children are left behind by both parents. Of the left-behind children, 32.67 percent are living with grandparents, 10.7 percent are living with other people( relatives or friends of their parents) , and 3.37 percent are living on their own. While the money that migrant workers sent home may increase household income, migration has led to a lack of parental support and supervision of children's development. Grandparents, as primary guardians, usually have low literacy skills and limited energy to educate and take care of children. As a result, left-behind children are susceptible to lower educational standards leading to subpar educational achievement, increased risky behaviors, psychological difficulties, physical safety problems, human trafficking, sexual harassment, and other types of abuse( Chen, et al. , 2009; Pan, 2014; Zheng and Wu, 2014). However, there is also competing evidence indicating that parents' migration is not necessarily detrimental to child welfare and development, mainly due to returning income and parents' recognition of educational importance after migrating to urban cities( Ren & Treiman, 2013; Wen & Lin, 2012; Fan, Su, Gill, & Birmaher, 2010). Simply put, parental migration has been an important factor in child welfare and development of rural families for both left-behind and migrant children.

## Family Planning Policy and Family Structure

Family planning policies in China have also had major influence on child development( in addition to internal migration). Numerous studies have documented the effect of family structure and parenting style on child development. According to Becker( 1981) , there is a strong negative correlation between the quantity of children and the quality of their lives, indicating that lower fertility may encourage people to increase

their investments in children, including providing better education, more parenting time, and more emotional and financial supports. The impact of the controversial family planning policy, also known as the "one-child policy," on child development has been intensely debated over the Past two decades. On one hand, academic findings support the positive effect of the quantity-quality tradeoff brought about by the one-child policy (Rosenzweig & Zhang, 2009). Thus, the policy is good for child well-being in terms of greater parental investments and more available resources for children. On the other hand, single children in a family may be spoiled by parents who give all their love and money to them. Prior research has studied the psychological consequences experienced by children without siblings.

Despite mixed conclusions, there is evidence that single children tend to be self-centered, less independent, and less sociable. As a result, they have been called as "little emperors" in China (Liu, Wang, Yin, & Gu, 1988).

A more serious consequence of the one-child policy is the change of the sex ratio at birth (SRB). According to the NBS data, SRB in China peaked at 1.20 in 2008, indicating 120 newborn boys for every 100 newborn girls. At the end of 2014, the SRB is 1.16. Selective abortion of female fetuses prompted by the one-child policy has led to great gender imbalance and a high surplus of men. This ratio is higher in rural areas where preference for boys is stronger and fetal gender screening devices are easily accessible (Festini & de Martino, 2004). In urban areas, however, studies suggest that daughters have benefited from the one-child policy: they have enjoyed unprecedented parental support because they do not have to compete with brothers for parental investment (Fong, 2002).

The family planning policy that has been implemented for over three

decades has led to the gradual decline of the child population in both urban and rural areas. The dwindling number of school-aged children has triggered school consolidation practices in many areas, with inadvertent consequences for child well-being, as we discuss the next.

## School Consolidation and Dwindling Child Population in Rural Areas

Besides the persistent challenges posed by migration and family planning policies, there has been a special challenge to child well-being due to an educational policy change that began in the early 2000s: the launch in 2001 of "Adjustment on the Layout of Rural Schools," also called "rural school closures and consolidations." This campaign aimed to close a large portion of village primary schools and expand "central" schools located in townships and county seats. The campaign was stopped in 2012 due to its controversial effects on child education.

The policy was formulated in response to the sharp decline of the school-age population in rural areas caused by the one-child policy and rural-urban migration (Lei, 2010; Wan, 2009). The government also wanted to improve education quality and equity by reallocating and centralizing education resources from failing village schools to "central schools" (Fang & Liu, 2013; Xu, 2013). The direct outcomes of this policy were remarkable. In 2000, there were 440,000 rural primary schools in China. Ten years later, this number had decreased to 230,000—a decrease of over 50 percent (21st Century Education Institute, 2013). On the positive side, the school consolidation policy may have partially achieved its goals. It may have boosted educational efficiency through economies of scale (Fan & Guo, 2009; Li, Zeng, &

Yang, 2012) and improved education quality and promoted regional equity (Fang & Liu, 2013; Ma, Lu & Li, 2011). However, school consolidation policy has also been attacked due to its adverse effect on rural children's development.

There are many examples of this adverse effect. First and foremost, education has become less accessible to students living in remote areas, leading to increased dropout rates of rural students. Many studies reported that school relocation strikingly increased the distance between students in remote areas and central schools in townships, leading to higher transportation costs and higher safety risks (Chu & Zhang, 2012; Ke, Xu, & Zhang, 2015; Yi et al., 2012). Researchers also argue that the policy has exacerbated the polarization between remote villages in the county periphery and urban areas in the county core, increasing the possibility of greater regional disparities. Thus, the claimed policy goal of promoting equity in education was not achieved (Cai & Kong, 2014; Fan & Hao, 2011; Xu, 2013). To address the problem, the Chinese government launched the "no tuition and no fee" national policy and also required central schools to provide school shuttle services. However, the effect on school enrollment has been minimal (Xu, 2013).

National policy has also encouraged the construction of boarding schools in response to increasing distances between school and home. However, due to a shortage of funding and human resources, many boarding schools in rural areas suffer from unsanitary and overcrowded living conditions. Besides, young children living far away from intimate family members often suffer from psychological problems due to the lack of family supervision and parental emotional support (Cui, 2012). Taken together, unqualified boarding schools have detrimental effects on students' physical and psychological health and pose high risks in food and living safety for students (Chu & Zhang, 2012; Wan, 2009). In ad-

dition, school consolidation has also led to giant class size in central schools with inadequate teachers and facilities, which is detrimental to education quality (Fang & Liu, 2013; Tao & Lu, 2011).

Opponents of this policy also claimed that this campaign has caused a cultural crisis in rural communities. The closure of village schools makes fragile village culture more vulnerable, leaving villages to suffer further poverty and other types of decline (Xiong, 2009; Zhao & Wu, 2015). Overall, the school consolidation policy has presented special challenges to child well-being and development in the countryside, especially in remote rural areas.

## 3. Economic Well-being

Economic well-being refers to the material resources and conditions available to children in their immediate living environment (such as in their families). While various aspects of economic well-being in family and social contexts are not domains of child development, they do have major and direct impact on child development. Persistent family economic hardship and early material deprivation not only affect children's physical health-leading to problems such as malnutrition and stunting of growth-but also lead to long-term detrimental effects on socioemotional, self-regulation, and cognitive development due to their toxic influence on family processes and parenting (Bradley & Corwyn, 2002; Hamoudi, Murray, Sorensen, & Fountaine, 2014; Linver, Brooks-Gunn, & Kohen, 2002; Yeung, Linver, & Brooks-Gunn, 2002). Eradica-ting extreme poverty is one of United Nation's eight Millennium Development Goals (MDGs).[①] Despite China's rapid economic development for the past three decades, there were still nearly 100 million people living below the poverty line of 2,300 Yuan[②] per capita annual net income at the end of 2012 (World Bank, 2015a). Furthermore, the poorest people are concentrated in poor rural communities that often lack basic health care

---

① See MDG's website at: http://www.un.org/millenniumgoals/.

② The rural poverty line of 2300 yuan per year is equivalent to 1.6 USD per person per day based on Purchasing Power Parity exchange rate in 2005. See NBS. (2015). Poverty Monitoring Report of Rural China 2015.

facilities, public hygiene, and infrastructure.

In this section, we examine the economic well-being of Chinese children, including the living conditions of children, especially those living in poverty. We compare children living in rural and urban areas and discuss the extent of rural-urban disparities in various aspects of economic well-being. We also examine the family economic status of children of different resident types, including rural children who are left behind by one or both migrant parents and migrant children living with their parents in urban areas.

As shown in Table 3 – 1, 20.2 percent of Chinese children live below the poverty line of 2,300 Yuan per capita (1.6 USD per day at the 2005 PPP exchange rate). Less than half of the children live in households with access to tap water, clean fuel for cooking, flush toilet, or trash collection service.

**Table 3 – 1 Distribution of Children's Family Conditions in Rural and Urban China in 2010**

| Variables | Community Type | | |
|---|---|---|---|
| | Rural(%) | Urban(%) | Total(%) |
| Family in poverty * | 24.4 | 8.9 | 20.2 |
| House crowding | 20.2 | 16.9 | 19.3 |
| Tap water for cooking * | 41.1 | 90.6 | 45.6 |
| Clean fuel for cooking * | 35.4 | 84.9 | 48.7 |
| Use flush toilet * | 23.3 | 76.6 | 37.7 |
| Trash collection service * | 22.4 | 89.7 | 40.5 |
| Father education less than HS * | 88.2 | 55.3 | 79.4 |
| Mother education less than HS * | 93.3 | 61.3 | 84.7 |
| Father unemployed/not working | 12.8 | 9.7 | 11.9 |

Note: CFPS child sample $N = 8,990$, results are weighted. * $p < 0.05$ based on design-based Pearson chi square statistic.

Furthermore, the rural-urban disparity in poverty level and living conditions is striking, as shown in Table 3 – 1. While 8.9 percent of urban children live in poverty, 24.4 percent of rural children live in poverty. The living conditions of rural children are also much poorer with most rural families having no tap water, flush toilets, or trash collection service.

As shown in Table 3 – 1, the educational levels of children's parents in China are fairly low. 79.4 percent of fathers and 84.7 percent of mothers have no high school diploma. The rural-urban disparity is equally stark, with 88.2 percent of rural fathers and 93.3 percent of rural mothers having less than high school education versus 55.3 percent and 61.3 percent respectively for urban children (see Chart 3 – 1). In addition, a higher percentage of rural fathers are unemployed or not working than urban fathers (12.8% versus 9.7%). ①

A comparison of children in different residential types reveals that children in urban intact families have better family financial and living conditions as well as a higher level of parents' education (see Table 3 – 2). Although less well-off than urban children, migrant children are still doing better than the other three groups of children: their family poverty level is lower than that of children in rural intact families, left-behind children, and children in single/no parent families. Their parents' educational level is also higher. Left-behind children are similar to children in rural intact families in family poverty level. They report less house crowding, but a lower proportion of the left-behind children report using tap water and clean fuel than rural intact families, probably due to the

① Those unemployed or not working only include people who clearly indicate they are not working or unemployed. Since all migrant workers and those with unknown employment status are counted as employed, our estimate of the unemployment rate should be conservative.

fact that most left-behind children are located in less developed central and western regions of China. However, a higher proportion of the parents of left-behind children have a high school education than parents of children in rural intact families. This is because parents of left-behind children tend to be younger and have received more schooling.

By far the most economically disadvantaged are children in single/no parent families. Nearly one third of these children live in poverty, in contrast to 6.6 percent of urban children and 23.9 percent of children in rural intact families and left-behind children who live in poverty. Children in single/no parent families are also more likely to report house crowding. Although a higher percentage of their families use tap water, clean fuel, flush toilets, and trash collection service, this is largely because some single/no parent families live in urban areas where public utilities are more accessible.

**Table 3 – 2 Percent Distribution of Children's Family Conditions by Resident Type in China in 2010**

| Variables | Rural Intact (%) | Urban Intact (%) | Left Behind (%) | Migrant (%) | Single/No Parent Family (%) |
|---|---|---|---|---|---|
| Family in poverty * | 23.6 | 6.6 | 23.9 | 11.8 | 31.9 |
| House crowding * | 20.9 | 15.7 | 16.6 | 20.1 | 26.9 |
| Tap water for cooking * | 44.3 | 91.3 | 40.0 | 71.8 | 59.8 |
| Clean fuel for cooking * | 39.3 | 85.0 | 33.8 | 72.4 | 42.6 |
| Use flush toilet * | 24.2 | 76.5 | 26.8 | 64.9 | 39.8 |
| Trash collection service * | 26.1 | 91.5 | 22.1 | 67.2 | 40.7 |
| Father education less than HS * | 88.5 | 51.3 | 84.1 | 70.9 | 82.8 |
| Mother education less than HS * | 93.5 | 58.4 | 89.6 | 75.0 | 85.1 |

Note: CFPS child sample $N = 8,990$, results are weighted. * $p < 0.05$ based on design-based Pearson chi square statistic.

The results described above reveal a glaring disparity between rural and urban children from various aspects of economic well-being. Low parental educational attainment, unemployment or underemployment, low family income, and poorer living conditions put rural children at a disadvantage and pose great risks for their development. Children from single/no parent families in both urban and rural areas are the most economically disadvantaged.

# 4. Physical Health

Physical health refers to the biological status of children, including their overall physical functioning, incidence of disease and hospitalization, age-and gender-appropriate body mass index (BMI), and healthy lifestyle (Moore et al., 2008). Physical health is the foundation of children's overall development and affects all other domains of child well-being. Physical health indicators such as low birth weight, infant mortality rate, and malnutrition have long been the focus of health promotion policies and intervention programs in China (for instance, see Chinese Children Development Outline released by State Council①). As indicated by official statistics, the physical status of children has greatly improved in the past half century with increasing availability of health care services and better living conditions (Meng et al., 2012).

This section describes the various aspects of physical health of children in China based on the 2010 CFPS survey data. We cover the following indicators: the rate of low birth weight, incidence of sickness and hospitalization, health insurance coverage, overweight and underweight, and regular exercise behavior.

We define low birth weight as a weight of 2.5 kilograms (5.5 pounds) or less at birth for the children. As birth weight in the CFPS survey

① See《中国儿童发展纲要（2011 – 2020）》, http://www.gov.cn/zwgk/2011-08/08/content_1920457.html。

is reported by the caregiver rather than measured objectively, we restrict the sample from zero to three-year-olds in order to minimize recall bias. Table 4 – 1 indicates that children with low birth weight account for 8.5 percent of all zero to three-year-olds. According to their caregivers, 29.8 percent of all children have been sick in the last month, and nearly eight percent of all have been hospitalized in the last year. Medical insurance programs, most of which are publicly funded, are used by 62.8 percent of children. ① For healthy lifestyle, we use self-reported frequency of physical exercise in the past month as the indicator. As shown in the table, 71.8 percent of children between 10 and 15 years old have engaged in physical exercise twice or more in the last month.

The other major indicator of child physical soundness is the body mass index (BMI) which is a person's weight in kilograms divided by the square of height in meters. Since a high BMI often indicates high body fat, BMI can be used to screen for weight categories such as obesity or overweight that may lead to health problems. As there are no national standards for BMI for age in China, we use the United States CDC's child growth standards instead. We calculated each child's BMI percentile from its gender-specific BMI for age and classified the children as obese ( ≥95th percentile), overweight (85th to 95th percentile), normal (5th to 85th percentile) and underweight ( ≤5th percentile). ②

As shown in Table 4 – 1, 19 percent of the children aged one to 15 are underweight, while eight and 18 percent are overweight or obese, re-

① Only 10 percent of the children have private or commercial medical insurance plans. Public health insurance programs include New Rural Cooperative health care, urban employee health insurance, and urban resident health insurance (see Chen, Jiang, & Huang, 2009).

② See http://www.cdc.gov/healthyweight/assessing/bmi/childrens_bmi/about_childrens_bmi.html.

spectively. ①Only 55.1 percent of all children in China have a BMI classified as "normal." We reiterate that the body weight and height of the children used to calculate their BMI are reported by caregivers rather than measured; therefore, some percentiles may not be accurate.

**Table 4 – 1 Distribution of Children's Health Conditions in Rural and Urban Areas in China in 2010**

| Variables | Community Type | | |
|---|---|---|---|
| | Rural(%) | Urban(%) | Total(%) |
| Low birth weight(0 – 3 years old)* | 9.8 | 5.0 | 8.5 |
| Sick last month(0 – 3 years old) | 30.1 | 28.9 | 29.8 |
| See doctor last year* | 48.6 | 55.4 | 50.4 |
| Hospitalized last year | 7.3 | 8.7 | 7.7 |
| Have medical insurance* | 64.5 | 58.3 | 62.8 |
| Self-reported health(10 – 15 years old) | 73.0 | 74.3 | 73.4 |
| Exercise last month(10 – 15 years old) | 70.6 | 74.8 | 71.8 |
| BMI Categories(1 – 15 years old)* | | | |
| Underweight | 19.1 | 17.9 | 18.8 |
| Normal | 52.9 | 60.9 | 55.1 |
| Overweight | 8.1 | 9.0 | 8.3 |
| Obese | 20.0 | 12.2 | 17.8 |

Note: Sample sizes vary according to age group, results are weighted. * $p < 0.05$ based on design-based Pearson chi square statistic.

There is an obvious rural-urban disparity in low birth weight and child obesity. As shown in Table 4 – 1, while 5.0 percent of urban children aged zero to 3 have a low birth weight, nearly 10 percent of rural children do. Poverty, malnutrition, lack of prenatal care, and poor living

① In the US, among young people aged 2 to 19, about 31.8 percent are considered to be either overweight or obese (http://www.niddk.nih.gov/health-information/health-statistics/Documents/stat904z.pdf). See also Ogden, Carroll, Kit, & Flegal, 2014.

and working conditions of some rural families may have contributed to low birth weight(Kramer, 1987). Additionally, rural children are more likely to be obese than urban children(20.0% vs. 12.2%).①Our finding also shows that, although there are similar proportions of rural and urban children who get sick, rural children are less likely to see a doctor than urban children. This result is more likely due to a lack of availability of or access to medical services in rural areas rather than a reflection of their different health status. An encouraging finding for rural children is that 64.5 percent of rural children have health insurance in contrast to 58 percent of urban children. It reflects the achievement of the New Rural Cooperative Medical Care launched in 2003 (Wagstaff, Lindelow, Wang, & Zhang, 2009; World Bank, 2005a, 2005b). Although the coverage and payment standards of the rural program are not as generous as the medical insurance types enjoyed by many urban residents, it still can protect rural families from financial devastation in case of severe illness and get children the treatment they need(Fan, Xie, & Yin, 2009; Wang, Gu, Du, & Wang, 2007; Yao & Zhang, 2013).②

For children with different resident types(see Table 4 – 2), a major finding is that children left behind in rural areas are much more vulnerable to illness than children with other resident types.

In fact, as many as 56.7 percent of the left-behind children between zero and three years old were reported to be sick in the last month, compared to 43.3 percent, 38.9 percent, 43.4 percent, and 51.2 percent for rural intact, urban, migrant children and single/no parent chil-

---

① This finding is different from some prior research findings showing a lower percentage of rural children as obese than urban children(e.g., Ministry of Public Health, 2012).

② Studies also show that the New Rural Cooperative Medical Care increases the use of preventive care, but does not lead to more use of formal medical service or better health conditions(Lei & Lin, 2009).

dren, respectively. They were also somewhat more likely to be hospitalized in the last year than the other children and reported getting less physical exercise. Migrant children are less likely to have low birth weight than rural intact and left-behind children, but they have the lowest percentage of public medical insurance coverage at 48.5 percent, compared to over 60 percent for other groups of children. The health conditions of children in single/no parent families are not much different from the left-behind children. Over half of them have been sick in the last month. As many as 28.5 percent of these children are born with low birth weight while it's 9.9 percent for left-behind children.

**Table 4 – 2 Distribution of Children's Health Conditions by Resident Type in China in 2010**

| Variables | Rural Intact (%) | Urban Intact (%) | Left Behind (%) | Migrant (%) | Single/No parent Family (%) |
|---|---|---|---|---|---|
| Low birth weight (0 – 3 years old)† | 9.1 | 4.6 | 9.9 | 5.9 | 28.5 |
| Sick last month (0 – 3 years old)* | 43.3 | 38.9 | 56.7 | 43.4 | 51.2 |
| See doctor last year* | 46.7 | 55.8 | 55.6 | 49.1 | 46.9 |
| Hospitalized last year | 6.9 | 8.1 | 9.0 | 8.5 | 7.4 |
| Have medical insurance* | 66.1 | 60.7 | 61.9 | 48.5 | 62.0 |
| Self-reported health (10 – 15 years old) | 73.6 | 73.4 | 73.9 | 71.5 | 71.3 |
| Exercise last month (10 – 15 years old) | 71.5 | 74.5 | 69.9 | 73.6 | 69.8 |

Note: Sample sizes vary based on age group. Results weighted. †$0.05 < p < 0.10$; * $p < 0.05$ based on design-based Pearson chi square statistic.

In summary, rural children are disadvantaged in many aspects of physical health. The most vulnerable children are left-behind children and the children living in single/no parent families in both rural and urban areas.

## 5. Psychological and Social-Emotional Well-being

Psychological well-being and social well-being are two separate, but related developmental domains for children. Psychological health refers to the mental and emotional state of children and their opinions about themselves and their future. Indicators include self-esteem, self-efficacy, depression, and sense of happiness. Social well-being indicates the ability and skills of children to get along with others and make friends in their social milieu. The two domains are closely related because children with mental problems such as depression, anxiety, and other emotional self-regulation disturbances often act out in socially undesirable ways including showing social withdrawal, aggressiveness, and antisocial behaviors. Children and adolescents with mental health problems and social deficits often have difficulties in normal cognitive development and school performance (see, for example, Breslau, Lane, Sampson, & Kessler, 2008). The Center for Disease Control and Prevention (CDC) has been monitoring children's mental health in the US through various ongoing national surveys and registry systems.[①] Although no comprehensive national statistics about children's mental health state in China are available, various studies have examined different mental health issues

---

① See: http://www.cdc.gov/mmwr/preview/mmwrhtml/su6202a1.htm?s_cid=su6202a1_w

of children and youth in various regions of China (see, for example, Tang & Qin, 2015).

In this section, we examine the psychological well-being of 10-to 15-year-old children from several aspects, including depression, sense of happiness, confidence for the future, self-esteem, and self-efficacy. ①The composite index of depression comes from the adapted Chinese version of the K6 screening tool (see Green, Gruber, Sampson, Zaslavsky, & Kessler, 2010). It consists of 6 questions asking respondents how often they experience each of six symptoms of major depression and generalized anxiety disorder in the past month. In this study, depression is indicated when the child reports that he/she experiences at least one of the six symptoms at least 2 or 3 times per week. Happiness and confidence for the future are both based on single questions asking the respondents how happy they feel they are and how confident they are in their future. Children who report a score of 4 or 5 on a five-point Likert scale from very unhappy ("1") to very happy ("5") or no confidence at all ("1") to very confident ("5") are regarded to be "happy" or "confident in their future."

Self-esteem is based on the Chinese version of the Rosenberg Self-Esteem Scale. Each child's total score is the sum of scores for each of 9 statements. ② Higher scores indicate higher self-esteem. ③ Bandura (1989) defined self-efficacy as the confidence individuals have in their ability to organize and execute courses of action required to attain specific performance outcomes. CFPS used the first 4 items of the 7-item Pearlin Mastery Scale designed to measure the perceptions of individuals for

---

① Self-esteem and self-efficacy scales are only available for 10-year-old children.

② One statement, "I wish I could have more respect for myself," is excluded from the original ten because of the inaccurate translation in the Chinese version.

③ The composite self-esteem scale has an unadjusted mean of 25.78 (sd = 2.24, min = 19, max = 35).

their abilities to control forces that significantly impact their lives. After reverse coding three items, we summed the four items to get the self-efficacy score, with higher scores indicating higher self-efficacy. ①

To assess social well-being, we use three indicators that are based on three single questions asked of 10-to-15-year-old children. They are asked to assess their personal relations and their social skills on a five-point Likert scale from 1 to 5, with 1 representing "very bad" and 5 representing "very good." Children who report a score of 4 or 5 on each of the two scales are regarded as having good relations and social skills. The children are also asked to report the number of good friends they have, which is a continuous variable.

As shown in Table 5 – 1, 21 percent of the 10 to 15 years olds have depression symptom(s) more than twice a week, 20.1 percent do not feel happy, and 22.1 percent have no confidence in their future. As shown in Chart 5 – 1, there are significant disparities between rural and urban children in their feelings of happiness and confidence. A higher percentage of rural children than urban children regard themselves as unhappy or have no confidence in their future (21.6% versus 16.4% are unhappy, and 23.5% versus 18.7% have no confidence in their future). The mean self-esteem and self-efficacy scores of rural children are significantly lower than that of urban children (Table 5 – 1).

Results of social well-being studies reveal that rural children lag behind their urban counterparts in all three indicators of social well-being (Chart 5 – 1). Over a third of rural children report not having good personal relations, in contrast to a quarter of urban children. Rural children have on average six good friends while urban children report an average of eight.

---

① The composition self-efficacy scale has an unadjusted mean of 10.96 (sd = 1.38, min = 6, max = 15).

**Table 5 – 1 Psychological and Social Well-being for Children Aged 10 to 15 in China in 2010**

| Variables | Rural | Urban | Total |
|---|---|---|---|
| Depression(%) | 20.5 | 22.1 | 21.0 |
| Feeling of unhappiness* (%) | 21.6 | 16.4 | 20.1 |
| No confidence in future† (%) | 23.5 | 18.7 | 22.1 |
| Poor personal relations* (%) | 34.0 | 23.7 | 31.1 |
| Poor social skills* (%) | 27.7 | 21.2 | 25.8 |
| Self-esteem score(mean; age 10)* | 25.4 | 26.9 | 25.9 |
| Self-efficacy score(mean; age 10)* | 10.8 | 11.5 | 11.0 |
| Number of good friends(mean)* | 6.2 | 8.3 | 6.8 |

Note: Sample size $N = 3,464$. The means test is based on post-estimation test of means. †$0.05 < p < 0.10$; *$p < 0.05$ based on design-based Pearson chi square statistic.

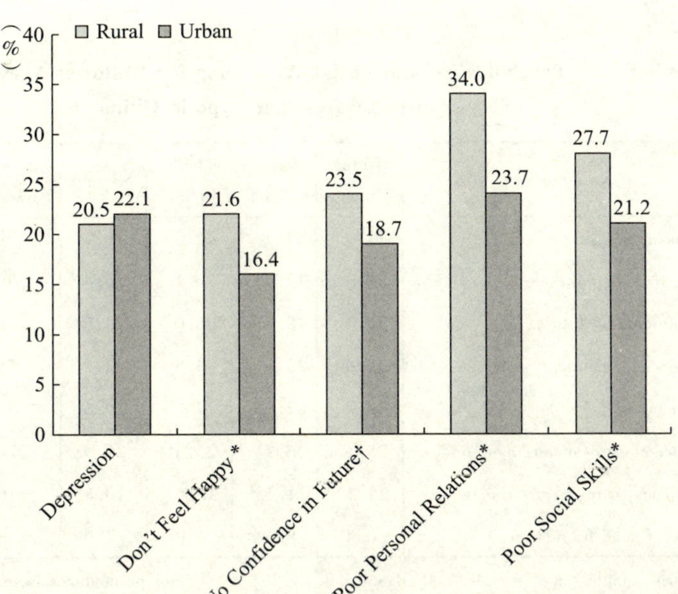


**Chart 5 – 1 Psychological and Social Well-being of Children in Rural and Urban China in 2010**

Note: *$p < 0.05$ based on design-based Pearson chi square statistic. †$0.05 < p < 0.10$ based on design-based Pearson chi square statistic.

Source: CFPS(2010).

Children in different resident types also tend to differ on levels of psychological and social well-being. Table 5 – 2 shows that left-behind children and children of single/no parent families are the two groups most vulnerable to psychological ill health. Around 30 percent of the children of single/no parent families suffer from symptoms of depression and are unhappy. Both left-behind children and children of single/no parent families have lower efficacy scores than children of rural and urban intact families. Moreover children of single/no parent families are the most disadvantaged in terms of social well-being. Thirty-eight percent report that they do not have good personal relations in contrast to 33.4 percent of rural intact children and 23.0 percent of urban intact children.

**Table 5 – 2 Psychological and Social Well-being for Children Ages 10 to 15 by Resident Type in China**

| Variables | Rural Intact | Urban Intact | Left Behind | Migrant | Single/No Parent Family |
|---|---|---|---|---|---|
| Depression$^{\dagger}$ (%) | 18.9 | 24.7 | 21.4 | 18.2 | 29.8 |
| Feeling of unhappiness$^{\dagger}$ (%) | 20.3 | 17.7 | 20.1 | 16.4 | 30.7 |
| No confidence in future (%) | 21.1 | 18.6 | 26.0 | 24.5 | 28.6 |
| Poor personal relations* (%) | 33.4 | 23.0 | 33.6 | 22.5 | 38.0 |
| Poor social skills (%) | 26.4 | 22.1 | 27.8 | 20.6 | 32.2 |
| Self-esteem score (mean; age 10)* | $25.5^{a}$ | $26.9^{ab}$ | $25.3^{b}$ | 25.9 | 26.1 |
| Self-efficacy score (mean; age 10)* | $11.1^{abc}$ | $11.5^{adef}$ | $10.6^{bd}$ | $10.8^{e}$ | $10.2^{cf}$ |
| Number of good friends (mean)* | $6.4^{a}$ | $8.6^{abc}$ | $6.0^{b}$ | 7.6 | $6.5^{c}$ |

Note: Sample size $N = 3,464$. $^{\dagger}0.05 < p < 0.10$, $^{*}p < 0.05$ for percentages based on design-based Pearson chi square statistic. $^{*}p < 0.05$ for post-estimation test of means. The categories with the same subscripted letters are significantly different at $p < 0.05$ level.

On one hand, migrant children are the least likely to report depression symptoms and feeling of unhappiness, despite the fact that they are

more likely to show no confidence in their future compared to their rural and urban intact counterparts. On the other hand, migrant children are more likely to report having good personal relationships than any of the other groups of children.

It is also noteworthy that, although children of urban intact families have the highest self-esteem and self-efficacy scores and are more likely to be happy and have confidence in the future, they have a higher probability of reporting depression symptoms than children of rural intact families, left-behind children, and migrant children. This finding is contradiction to the higher levels of social-emotional well-being for urban children in almost all other aspects, and warrants further examination.

The results presented in this section demonstrate that the rural-urban disparities in psychological and social well-being of rural children, left-behind children, and children of single/no parent families present a clear disadvantage.

# 6. Educational Achievement and Cognitive Development

Educational and cognitive well-being refers to the ability of children to learn language, mathematics, and other knowledge appropriate for their age level. It also includes their development of cognitive skills required to effectively understand their environment and communicate with people. Kindergartens and schools are major formal settings where children learn new knowledge and master various cognitive skills. It has been established that early childhood education at high quality child care centers, preschools and elementary schools are crucial for children's later educational achievement and future economic success (Cunha & Heckman, 2010; Heckman, Moon, Pinto, Savelyev, & Yavitz, 2010; Reynolds, Temple, & Ou, 2011). Since the 1980s, with the implementation of the nine-year compulsory education system, most children in China have been able to complete nine years of elementary and junior high school. Early childhood education through public and private kindergartens and nurseries is also developing rapidly in both urban and rural areas.① However, major challenges still remain in bridging the gap between rural and urban areas in terms of the availability of educational

---

① For instance, see the NBS "Report on Implementation of Chinese Children Development Outline" (《2013 年中国儿童发展纲要实施情况统计报告》). Available at: http://www.stats.gov.cn/tjsj/zxfb/201501/t20150129_675797.html.

resources and the quality of school education (Dollar, 2007; Qian & Smyth, 2008).

This section describes the educational and cognitive well-being of children in China. We present the proportion of children enrolled in kindergartens and schools and compare levels of engagement in school, school satisfaction, and school performance between rural and urban children. We also compare rural and urban children in their college aspirations as well as their scores on math and vocabulary tests.

As Table 6 – 1 indicates, 54.8 percent of children between the ages of 3 and 5 are in nursery or kindergarten. However, while 76.3 percent of urban children are enrolled in kindergarten, only 47.5 percent of rural children are enrolled. This result clearly reveals the rural-urban discrepancy in early education resources for preschool-age children. However, the rural-urban disparity in school enrollment is minimal: ninety-two percent of rural children aged six to 15 and 94.2 percent of same age urban children are enrolled in schools. The high enrollment rate of school age children reflects the achievement of the 9-year compulsory education policy. In addition, nearly a third (30.8%) of 10-to-15-year-old students in rural communities attend boarding schools, which are often of poor quality. In contrast, only 7.6 percent of urban students aged 10 to 15 are boarders. Overall, as many as 63.9 percent of 10-to-15-year-olds aspire to complete college education, [①] but there are significant disparities in college aspirations of rural and urban students. While 77.0 percent of urban students harbor college aspirations, only 58.7 percent of rural children do so.

---

① "College education" as defined here includes two-year colleges (similar to associate degrees in the US), four-year colleges and post-graduate study.

**Table 6 – 1 Distribution of Child Schooling in Rural and Urban China in 2010**

| Variables | Community Type | | |
|---|---|---|---|
| | Rural(%) | Urban(%) | Total(%) |
| In kindergarten(age 3 – 5) * | 47.5 | 76.3 | 54.8 |
| In school(age 6 – 15) | 92.0 | 94.2 | 92.6 |
| In boarding school(age 10 – 15) * | 30.8 | 7.6 | 24.2 |
| Aspire to college degree(age 10 – 15) * | 58.7 | 77.0 | 63.9 |

Note: Sample size varies according to age group. Results weighted. * $p < 0.05$ based on design-based Pearson chi square statistic.

Table 6 – 2 shows the schooling status for children by resident type. Compared to children in the other resident types, fewer left-behind children are enrolled in kindergarten or other preschool programs. Children of single/no parent families are less likely to aspire to a college degree than other groups of children. Although migrant children lag behind urban children in intact families in kindergarten enrollment and college aspiration, they perform much better on both aspects than children of rural intact families, left-behind children, and children of single/no parent families.

**Table 6 – 2 Child Schooling by Resident Type in 2010**

| Variables | Rural Intact | Urban Intact | Left Behind | Migrant | Single/No Parent Family |
|---|---|---|---|---|---|
| In kindergarten(age 3 – 5) * | 50.3 | 79.8 | 45.8 | 61.9 | 56.7 |
| In school(age 6 – 15) | 92.6 | 94.7 | 92.3 | 90.8 | 89.5 |
| In boarding school(age 10 – 15) * | 31.8 | 7.8 | 25.6 | 13.9 | 17.8 |
| Aspire to college degree(age 10 – 15) * | 60.2 | 78.7 | 60.4 | 69.2 | 53.3 |

Note: Sample sizes vary. Results weighted. * $p < 0.05$ based on design-based Pearson chi square statistic.

The data presented on study engagement is based on the average score of five items asking students about their study habits on a five-point Likert scale from totally disagree(1) to totally agree(5): "study hard," "pay attention to study in class," "double check homework after completion to guarantee correctness," "obey school rules and disciplines," and "don't play until completing homework." School satisfaction is measured by the average score of five items asking children about their satisfaction with school, their head teacher, Chinese teacher, math teacher, and English teacher on a five-point Likert scale from very dissatisfied(1) to very satisfied(5). Satisfaction with study performance is measured by a single item("How do you feel about your academic performance?") on a scale from very dissatisfied(1) to very satisfied(5). Self-evaluation as a student is measured by another single item("How excellent do you think you are as a student?") on a scale from very bad (1) to very excellent(5).

Chart 6 – 1 shows the mean scores of study engagement, school satisfaction, satisfaction with study performance, and self-evaluation of rural and urban children by gender. For study engagement of children who are 10 to 15 years old, although there are significant gender differences in favor of girls, no differences are found between rural and urban children. Comparing school satisfaction between rural and urban students, we do find some significant differences. Rural children, especially boys, are the least satisfied with their schools. Rural girls tend to like their schools better than rural boys, but are less satisfied than urban girls with their schools. On the measure of self-evaluation as a student, rural males also tend to be the least satisfied(also see table 6 – 3).

Table 6 – 4 shows the means of study engagement and school satisfaction by resident type. It is encouraging to find that both the left-behind children and migrant children are better able to engage in their studies

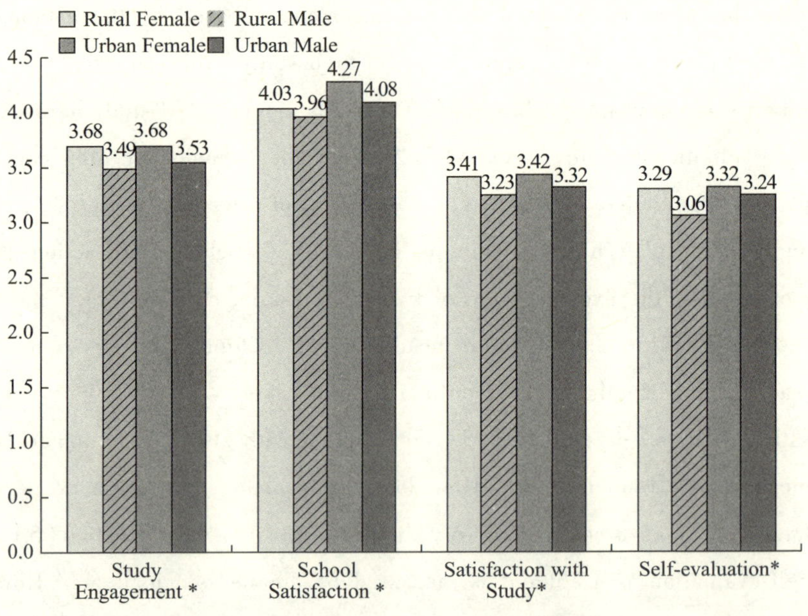


**Chart 6 – 1 Study Engagement and Satisfaction for Children Aged 10 and 15 by Gender and Community Type in China in 2010**

Note: * $p < 0.05$ for post-estimation t-test of means for one or more two-category comparisons.

Source: CFPS(2010).

**Table 6 – 3 Mean Scores of Study Engagement and Satisfaction for Children Aged 10 to 15 by Community Type and Gender in 2010**

| Indicator | Rural Female | | Rural Male | | Urban Female | | Urban Male | |
|---|---|---|---|---|---|---|---|---|
| | *Mean* | *S. E.* | *Mean* | *S. E.* | *Mean* | *S. E.* | *Mean* | *S. E.* |
| Study Engagement | $3.68^{ac}$ | 0.03 | $3.49^{ab}$ | 0.03 | $3.68^{bd}$ | 0.03 | $3.53^{cd}$ | 0.03 |
| School Satisfaction | $4.03^{ac}$ | 0.04 | $3.96^{abd}$ | 0.04 | $4.27^{bce}$ | 0.05 | $4.08^{de}$ | 0.05 |
| Satisfaction with Study Performance | $3.41^{a}$ | 0.04 | $3.23^{ab}$ | 0.03 | $3.42^{b}$ | 0.05 | 3.32 | 0.07 |
| Self-evaluation as a Student | $3.29^{a}$ | 0.04 | $3.06^{abc}$ | 0.04 | $3.32^{b}$ | 0.06 | $3.24^{c}$ | 0.07 |

Note: Sample size $N = 3,359$. Results weighted.

The categories with same subscripted letters are significantly different at $p < 0.05$ based on postestimation T test of means.

than children in rural intact families. However, migrant children are more satisfied with their schools than the left-behind children and children of rural intact families. Left-behind children are also significantly less satisfied than urban children with their academic performance and self-evaluation as a student.

Children's scores on the vocabulary and math tests administered directly by the CFPS survey interviewer are objective measures of the cognitive ability of 10-to 15-year-olds. The vocabulary test is a cognitive test of language ability designed by CFPS for recognition of Chinese words according to levels of difficulty. The math test is a test for children and adults containing math skills questions based on levels of difficulty. ①

**Table 6 – 4 Mean Scores of Study Engagement and Satisfaction for Children Aged 10 to 15 by Resident Type**

| Indicator | Rural Intact | | Urban Intact | | Left Behind | | Migrant | | Single/No Parent Family | |
|---|---|---|---|---|---|---|---|---|---|---|
| | *Mean* | *S. E.* | *Mean* | *S. E.* | *Mean* | *S. E.* | *Mean* | *S. E.* | *Mean* | *S. E.* |
| Study engagement | $3.55^{ab}$ | 0.02 | 3.59 | 0.031 | $3.62^{a}$ | 0.03 | $3.66^{b}$ | 0.04 | 3.62 | 0.06 |
| School satisfaction | $4.01^{ac}$ | 0.03 | $4.16^{ab}$ | 0.05 | $3.97^{bd}$ | 0.05 | $4.19^{cd}$ | 0.05 | 4.10 | 0.07 |
| Satisfaction with study performance | 3.31 | 0.03 | $3.38^{a}$ | 0.05 | $3.28^{a}$ | 0.05 | 3.41 | 0.07 | 3.36 | 0.09 |
| Self-evaluation as a student | $3.16^{a}$ | 0.04 | $3.30^{ab}$ | 0.06 | $3.13^{b}$ | 0.06 | 3.26 | 0.079 | 3.26 | 0.07 |

Note: Sample size $N = 3,359$. Results weighted. The categories with the same subscripted letters are significantly different at $p < 0.05$ level.

① The mean, standard deviation, and range of test scores based on unweighted data are: vocabulary test(21.7, 7.13, 0 – 34), math test(11.20, 4.45, 0 – 24).

The results demonstrate that rural children, both boys and girls, perform poorly in both word recognition and math calculation compared to urban children (see Table 6 – 5). Rural males have the lowest average scores. Children of urban intact families have better scores than children of rural intact families, left-behind children, and children of single/no parent families on both vocabulary and math tests (see Table 6 – 6). However, the vocabulary test scores of migrant children are significantly higher than those of rural intact families, left-behind children, and children of single/no parent families. Their average vocabulary score is even higher than that of children from urban intact families, although this difference is not statistically significant. Migrant children's comparatively high performance on the vocabulary test is a finding worthy for future exploration.

In this section we examined the cognitive and educational well-being of children in China. We found that rural children, especially males, have lower cognitive test scores than their urban counterparts. They are also less satisfied with their school and less engaged with school work than urban children.

**Table 6 – 5 Mean Test Scores of Children Aged 10 to 15 by Community Type and Gender in China in 2010**

| Type of Test | Rural Female | | Rural Male | | Urban Female | | Urban Male | |
|---|---|---|---|---|---|---|---|---|
| | *Mean* | *S. E.* | *Mean* | *S. E.* | *Mean* | *S. E.* | *Mean* | *S. E.* |
| Vocabulary | $21.64^{abc}$ | 0.51 | $20.23^{ade}$ | 0.49 | $24.56^{bd}$ | 0.44 | $23.73^{ce}$ | 0.38 |
| Math | $10.93^{ab}$ | 0.26 | $10.73^{cd}$ | 0.23 | $12.19^{ac}$ | 0.27 | $12.41^{bd}$ | 0.24 |

Note: Sample size $N = 3,360$, results weighted. The categories with same subscripted letters are significantly different at $p < 0.05$ level.

**Table 6 – 6  Mean Test Scores of Children Aged 10 to 15 by Resident Type in China in 2010**

| Type of Test | Rural Intact | | Urban Intact | | Left Behind | | Migrant | | Single/No Parent Family | |
|---|---|---|---|---|---|---|---|---|---|---|
| | *Mean* | *S. E.* | *Mean* | *S. E.* | *Mean* | *S. E.* | *Mean* | *S. E.* | *Mean* | *S. E.* |
| Vocabulary | $20.89^{ab}$ | 0.47 | $23.98^{acd}$ | 0.43 | $21.09^{ce}$ | 0.82 | $24.27^{bef}$ | 0.53 | $22.18^{df}$ | 0.69 |
| Math | $10.91^{a}$ | 0.21 | $12.36^{abc}$ | 0.23 | $10.87^{ab}$ | 0.38 | 11.70 | 0.41 | $11.13^{c}$ | 0.39 |

Note: Sample size $N = 3,360$, results weighted. The categories with same subscripted letters are significantly different at $p < 0.05$ level.

# 7. Family and Community Contexts

Theories and research on human development have put great emphasis on the importance of various contexts and how they interrelate and affect child development( e. g. , Bronfenbrenner, 1979) . In previous sections, we examined the developmental well-being of children in different domains. In this section, we describe the multiple contexts of child development, especially the influence of families and communities.

Families are the most common setting in which children are raised and educated. A functional family is crucial for healthy child development in various domains, especially during the early years when children's physical growth and cognitive and social development are the most rapid and time-sensitive ( Henrich & Gadaire, 2008; Weiss, Caspe, & Lopez, 2006) . In particular, material resources and family relationships are highly influential aspects of family context. In the section on economic well-being, we highlighted family poverty and parental education as important indicators of economic well-being. In this section, we examine the role of family structure, observed home environment, parental engagement and interaction with children ( including reading to the child) , and parenting styles. Community context, which covers the physical and social venues where children interact and socialize with others, is also analyzed in this section.

## Family Structure

As we showed in Table 1 – 1, 13.1 percent of Chinese children do not live with their parents and another 14.8 percent live with only one parent. Most of these children are rural left-behind children whose parents work in urban areas. Left alone or in the care of grandparents who tend to be less educated and in frail health, rural children, especially the left-behind, are at a developmental disadvantage. Children of single/no parent families, who account for 4.8 percent of the child population, are in a similar situation; in addition to the lack of typical parental care, they may also suffer from the psychological trauma of parental separation or early parental death (see, for example, Maier & Lachman, 2000).

## Observed Home Environment

The home environments of rural and urban children, as observed by the interviewers, are clearly different (see Table 7 – 1). 65 percent of urban children from intact families have a stimulating home environment with books and other reading materials. This is the case for only 43 percent of rural intact families, 41 percent of left-behind children, and 37 percent of children of single/no parent families. Migrant children have significantly better home environments than those from rural intact families, left-behind children, and children of single/no parent families. Children from single/no parent families have the least favorable home environments of all the groups. Caregivers of rural intact and left-behind children are less likely to communicate with children than caregivers of urban and migrant children. Caregivers in single/no parent families are

the least likely to communicate with their children.

**Table 7 – 1 Percentage of Children with Positive Observed Home Environment by Resident Type**

| Home Environment | Rural Intact | | Urban Intact | | Left Behind | | Migrant | | Single/No Parent Family | |
|---|---|---|---|---|---|---|---|---|---|---|
| | % | S. E. | % | S. E. | % | S. E. | % | S. E. | % | S. E. |
| Stimulating home environment * | $43^{abc}$ | 0.021 | $65^{ade}$ | 0.024 | $41^{dfg}$ | 0.029 | $55^{bfh}$ | 0.047 | $37^{cegh}$ | 0.035 |
| Parents communicate with child * | $55^{abc}$ | 0.021 | $71^{ade}$ | 0.024 | $49^{dfg}$ | 0.031 | $65^{bfh}$ | 0.045 | $40^{cegh}$ | 0.034 |

Note: Sample size $N = 8,990$, results weighted. * The categories with same subscripted letters are significantly different at $p < 0.05$ level based on post-estimation test of means.

## Parental Involvement In Child Education

To understand parents' or other primary caregivers' involvement in their children's education, we used four indicators: reading to the child, buying the child books, homework supervision, and tutoring (see Table 7 – 2). ①Among children three to five years old, more than half of caregivers read to them often and purchase books for them. For children aged 10 to 15, 79 percent and 39 percent of caregivers often supervise their homework and provide tutoring, respectively. Most Chinese parents are very much involved in their children's education from early childhood through their school years.

① For "read to child," reading to child at least once a month as reported by caregiver is considered "often". "Buy books" means buying children's books at least several times a year, also reported by caregiver. "Homework supervision" means caregiver demanding child complete homework at twice a week. "Tutoring" means caregiver checking on child's homework at least twice a week. The last two items are reported by students.

**Table 7 – 2 Caregivers' Involvement in Child Education in Rural and Urban China in 2010**

| Variables | Community Type | | |
|---|---|---|---|
| | Rural( % ) | Urban( % ) | Total( % ) |
| Read to child( age 3 – 5 ) * | 49.6 | 77.9 | 56.8 |
| Buy child books( 3 – 5 ) * | 58.3 | 89.4 | 66.3 |
| Supervise homework( 10 – 15 ) * | 73.3 | 93.8 | 78.5 |
| Offer homework tutoring( 10 – 15 ) * | 32.5 | 59.1 | 39.3 |

Note: Sample sizes differ based on age group. * $p < 0.05$ based on design-based Pearson chi square statistic.

However, there are considerable differences between rural and urban children in the extent of parental involvement. For example, 78 percent of urban parents often read to their children in contrast to the 50 percent of rural caregivers( see Chart 7 – 1 ). If we examine caregiver

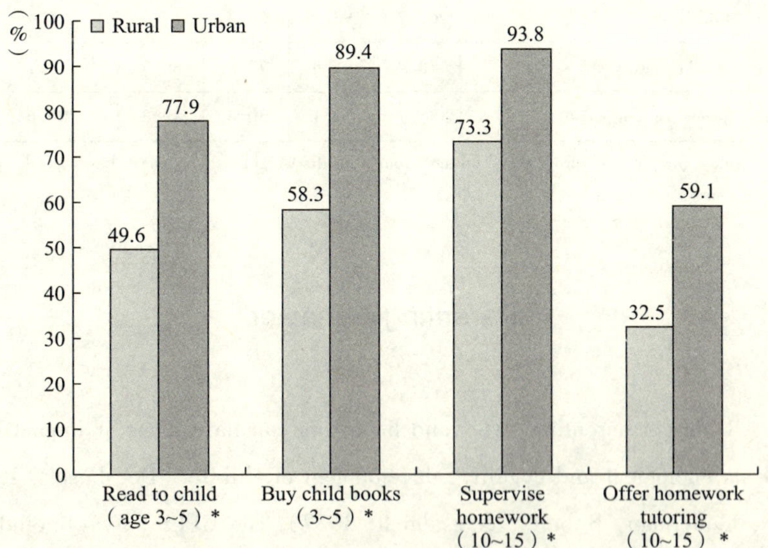


**Chart 7 – 1 Parental Involvement in Child Education in Rural and Urban China in 2010**

Note: * $p < 0.05$ based on design-based Pearson chi square statistic.

Source: CFPS 2010.

involvement by resident type, we find that children who are left behind and, to some extent, children of single/no-parent families are most disadvantaged(see Table 7 – 3). Only 42 percent of left-behind children have caregivers who often read to them compared to more than half of children from rural intact families, urban intact families, migrant children, and children of single/no-parent families. Only 30 percent of left-behind children receive homework tutoring from their caregivers, a lower rate than any other group of children.

**Table 7 – 3 Caregivers' Involvement in Child Education by Resident Type in China in 2010**

| Variables | Rural Intact (%) | Urban Intact (%) | Left Behind (%) | Migrant (%) | Single/No Parent Family (%) |
|---|---|---|---|---|---|
| Read to child(age 3 – 5) * | 55.3 | 81.4 | 42.3 | 66.8 | 55.4 |
| Buy child books(3 – 5) * | 62.2 | 92.5 | 56.5 | 77.7 | 55.4 |
| Supervise homework(10 – 15) * | 78.2 | 85.8 | 72.8 | 80.7 | 73.1 |
| Offer homework tutoring(10 – 15) * | 36.7 | 52.1 | 30.4 | 49.3 | 36.6 |

Note: Sample size varies based on age group, results weighted. * $p < 0.05$ based on design-based Pearson chi square statistic.

## Parenting Behavior

Different parenting styles and behaviors can have a major impact on the psychological and cognitive development of children(Dornbusch, Ritter, Leiderman, Roberts, & Fraleigh, 1987). The CFPS survey includes a 12-item module on positive parenting behaviors reported by 11-year-old children. Through Varimax factor analysis, we can identify three distinct factors representing different aspects of parenting behavior, which we term

"encouragement," "engagement," and "interaction."① Caregivers of rural children perform poorly in all three aspects of positive parenting based on mean factor scores (see Table 7 – 4). ②Our statistical tests of mean factor scores of positive parenting for children in different residence types also indicate that caregivers of urban intact families are more likely to engage in positive parenting practices than rural caregivers and caregivers of left-behind children. However, no significant difference exists between left-behind children and children from rural intact families (see Table 7 – 5). It is noteworthy that caregivers for children of single/no parent families are more likely to engage with their children than caregivers of rural intact families; they also tend to interact more with their children than caregivers of left-behind children.

**Table 7 – 4 Mean Score of Parenting Behavior for 11-year-old in Rural and Urban China in 2010**

| Parenting Behavior | Rural | | Urban | |
|---|---|---|---|---|
| | *Mean* | *S. E.* | *Mean* | *S. E.* |
| Encouragement * | -0.101 | 0.053 | 0.191 | 0.078 |
| Engagement * | -0.022 | 0.056 | 0.290 | 0.104 |
| Interaction * | -0.095 | 0.052 | 0.251 | 0.080 |

Note: Sample size $N = 566$, results weighted. Analysis based on factor scores from a Varimax factor analysis of 12 items. * $p < 0.05$ level based on design-based Pearson chi square statistic.

① Parenting style refers to the three factors extracted through factor analysis of child-reported frequencies of 12 parenting behaviors: (1) encouragement: caregiver encourages child to study and use independent problem-solving, use fair rules and reasoning in handling problem behavior; (2) engagement: caregivers help with homework and learn about school activities; and (3) interaction: caregivers talk and play with children, and tell stories.

② The descriptive statistics for the three factor scores are: encourage (M = 0, SD = .84), engage (M = 0, SD = .83), interact (M = 0, SD = .73).

**Table 7 – 5 Mean Score of Parenting Behavior for 11-year-olds by Resident Type in China in 2010**

| Parenting Behavior | Rural Intact | | Urban Intact | | Left Behind | | Migrant | | Single/No Parent Family | |
|---|---|---|---|---|---|---|---|---|---|---|
| | Mean | S. E. | Mean | S. E. | Mean | S. E. | Mean | S. E. | Mean | S. E. |
| Encouragement† | $-0.08^{ab}$ | 0. 06 | $0.12^{a}$ | 0. 10 | 0. 08 | 0. 10 | 0. 19 | 0. 17 | $0.23^{b}$ | 0. 18 |
| Engagement* | $0.02^{a}$ | 0. 06 | $0.32^{abc}$ | 0. 12 | $-0.02^{b}$ | 0. 11 | $-0.07^{c}$ | 0. 13 | 0. 17 | 0. 15 |
| Interaction* | $-0.06^{a}$ | 0. 08 | $0.25^{ab}$ | 0. 10 | $-0.14^{bc}$ | 0. 08 | 0. 09 | 0. 17 | $0.31^{c}$ | 0. 21 |

Note: Sample size $N = 566$, results weighted. Analysis based on factor scores from a Varimax factor analysis of 12 items. Any two categories with same subscripted letter are significantly different at $^{\dagger}p < 0.10$, $^{*}p < 0.05$ level.

## Response to Low Grades

We also examined caregivers' preferred response when their children receive low grades. These items assess whether caregivers typically punish or scold the children, require them to study more, or provide more help. Corporal punishment and scolding are clear indicators of harsh parenting, which are detrimental to child development (Johnson et al., 2001; Vissing, Straus, Gelles, & Harrop, 1991). Our findings show that while only 15 percent of caregivers resort to harsh parenting behavior when their children get lower than expected grades, even fewer (8 percent) respond by offering children more help and support (see Table 7 – 6). Significant rural-urban discrepancies also exist; 17.3 percent of rural caregivers prefer corporal punishment or scolding in contrast to 9.7 percent of urban caregivers. Caregivers of migrant children are the least likely to resort to corporal punishment and scolding and the most likely to offer more help (see Table 7 – 7).

**Table 7 – 6 Parents' Response to Low Grades for 10 to 15 Year Olds in Rural and Urban China in 2010**

| Parents Response to Low Grades * | Community Type | | |
|---|---|---|---|
| | Rural( % ) | Urban( % ) | Total( % ) |
| Punish, scold | 17.3 | 9.7 | 15.1 |
| Tell child study more | 75.1 | 80.1 | 76.5 |
| Offer child more help | 7.7 | 10.2 | 8.4 |

Note: Sample size $N = 3,323$, results weighted. * $p < 0.05$ based on design-based Pearson chi square statistic.

**Table 7 – 7 Parents' Response to Low Grades for Children Ages 10 to 15 by Resident Type**

| Parents Response to Low Grades * | Rural Intact ( % ) | Urban Intact ( % ) | Left Behind ( % ) | Migrant ( % ) | Single/No Parent Family ( % ) |
|---|---|---|---|---|---|
| Punish, scold | 17.0 | 9.6 | 19.1 | 4.8 | 15.0 |
| Tell child study more | 75.5 | 80.8 | 73.0 | 82.9 | 75.6 |
| Offer child more help | 7.6 | 9.6 | 7.9 | 12.3 | 9.3 |

Note: Sample size $N = 3,323$, results weighted. * $p < 0.05$ based on design-based Pearson chi square statistic.

## Community Context

In addition to the family environment, community and neighborhood contexts have an effect on child development (Sampson, 2003). Major aspects of neighborhood context that are crucial for child development and well-being include poverty level, safety, neighbor relations, access to child care facilities and schools, and access to other social service resources.

Our results indicate that economic and living conditions of rural communities are much poorer than those in urban communities, as reported by community administrators or observed by interviewers (see Table

7 - 8). For example, while over 90 percent of urban children live in communities with tap water and clean cooking fuel, only 39 percent of rural children live in communities with access to tap water, and 38 percent of rural children live in communities with clean cooking fuel. Also, rural communities have fewer public service institutions or facilities, such as pharmacies, sports grounds, or playgrounds-than urban communities. Eighty percent of urban children have access to a kindergarten in their community compared to only 45 percent of rural children. However, a higher percentage of rural children than urban children (71% vs. 55%) have a primary school in their community.

**Table 7 - 8 Community Conditions for Children in Rural and Urban China in 2010**

| Variables | Rural | | Urban | |
|---|---|---|---|---|
| | *% Mean* | *S. E.* | *% Mean* | *S. E.* |
| Tap water as main drinking water source * | 39% | 0.037 | 94% | 0.021 |
| Gas/Solar/methane as primary cooking fuel * | 38% | 0.039 | 91% | 0.026 |
| Kindergarten in community * | 45% | 0.039 | 80% | 0.044 |
| Primary school in community * | 71% | 0.036 | 55% | 0.048 |
| Proportion of immigrants in population * | 0.06 | 0.009 | 0.27 | 0.028 |
| Observed economic conditions by interviewer * | 3.89 | 0.118 | 4.63 | 0.121 |
| Street cleanliness observed by interviewer * | 4.19 | 0.116 | 4.95 | 0.121 |
| Number of public service institutions/facilities (≤8) * | 3.36 | 0.127 | 4.79 | 0.172 |
| Number of infrastructure/utilities (≤8) | 5.38 | 0.126 | 5.76 | 0.208 |

Note: Sample size $N = 8,990$, results weighted. †$0.05 < p < 0.10$, * $p < 0.05$ based on design-based Pearson chi square statistic. All variables are community-level indicators reported by community administrators or interviewers.

## Neighborhood Relationships

Several questions in the CFPS ask whether and how often each family interacted with their neighbors in various ways during the last month (i. e. no contact with their neighbors, just talk to each other, or visit and help each other). Our analysis reveals significant differences between families of rural and urban communities (see Table 7 – 9). Rural families are more likely (54.2 percent) than urban families (42.2 percent) to interact with neighbors in a close manner, such as by visiting each other, providing help, or offering food and other gifts. The positive neighborhood relationship in rural areas may provide a supportive buffer for rural children. However, when we examine rural intact families and families of left-behind children separately, we find that a much smaller percentage of families with left-behind children (46.7 percent) report positive neighborhood relationships than rural intact families (56.5 percent). Single/no parent families are the least likely to report positive neighborhood relations (39.9 percent). The lack of neighborhood supportiveness may put left-behind children and children in single/no parent families at a further disadvantage. The situation is similar for left-behind children and children of single/no parent families in their relationships with friends and relatives.

In this section, we describe the family and neighborhood contexts of the children. Rural-urban disparities exist in multiple aspects of family context, such as stimulating home environment, positive parenting behavior, and caregiver support for school work. The economic and living conditions of rural communities are also worse than those in urban communities. Although positive neighborhood relationships provide some support for

rural children, left-behind children seem to lack this crucial asset.

**Table 7 – 9　Neighborhoods and Friend/Relative Relationships by Community Type and Resident Type in 2010**

| Parenting Behavior | Community Type | | | Resident Type | | | | |
|---|---|---|---|---|---|---|---|---|
| | Rural (%) | Urban (%) | Total (%) | Rural Intact (%) | Urban Intact (%) | Left Behind (%) | Migrant (%) | Single/No Parent Family (%) |
| Neighbor relations* | | | | | | | | |
| No contact | 20.4 | 26.8 | 22.1 | 19.0 | 24.9 | 25.2 | 23.5 | 28.1 |
| Only chat | 25.4 | 31.0 | 26.9 | 24.6 | 30.0 | 28.1 | 28.0 | 32.0 |
| Visit and help | 54.2 | 42.2 | 51.0 | 56.5 | 45.1 | 46.7 | 48.5 | 39.9 |
| Friends/relative relations* | | | | | | | | |
| No contact | 35.4 | 25.2 | 32.6 | 31.7 | 21.6 | 43.8 | 29.7 | 37.7 |
| Only chat | 9.4 | 6.1 | 8.5 | 9.4 | 5.9 | 9.0 | 6.0 | 10.3 |
| Visit and help | 55.3 | 68.7 | 58.9 | 58.9 | 72.5 | 47.3 | 64.3 | 52.1 |

Note: Sample size $N = 8,990$, results weighted. * $p < 0.05$ based on design-based Pearson chi square statistic.

# 8. Association of Family and Social Contexts with Child Development

In previous sections, we examined several domains of child well-being and development and the family and community contexts for children in China. We found significant disparities between children in rural and urban areas. The findings also indicate that rural left-behind children and children of single/no parent families are especially disadvantaged. Earlier research has found that ecological contexts such as families have major impact on the development of child outcomes ( Bronfenbrenner, 1979; Bornstein and Bradley, 2012 ). This section shows the results of multiple regression statistical models to examine the effects of family and community factors on the various domains of child development( after taking into consideration demographic attributes of the children ). Selected domains of well-being are used as dependent variables. The goal is to determine whether and to what extent the contextual factors affect different domains of child well-being and whether they contribute to the disparity in well-being between rural and urban children.

## Physical Well-being

Low birthweight is an important indicator of children's physical well-

being. We have shown that the percentage of children with low birthweight is higher in rural areas than in urban areas and higher in single/no parent families than in intact families. In order to examine the validity of the bivariate results, we estimated three multiple logistic regression models after adjusting for demographic characteristics and mother's age at birth.

The results shown in Table 8 – 1 indicate that children of single/no parent families and left-behind children are significantly more likely to have low birthweight than children of urban and rural intact families (Model 1). Mother's birth age is a very important predictor of low birthweight, with mothers younger than 25 twice as likely to have low birthweight babies than mothers aged 25 to 35. However, Model 2 shows that after controlling for mother's birth age and child's gender and ethnicity, the disparity between rural left-behind and urban children becomes insignificant; children of single/no parent families still have a higher probability of having low birthweight, but the magnitude of the odds ratio has decreased. In Model 3, we added the family poverty indicator to estimate the effect of family economic contexts. Family poverty level is not a significant predictor of child low birthweight.

It should be noted that the low birthweight of children in single/no parent families does not necessarily mean that such a status causes a child's low birth weight, because family breakup may occur after the child is born or may even be due to the birth of a low birthweight child. The causal mechanism between a child's low birth weight and family functionality warrants further examination.

## Psychological Well-being: Sense of Happiness

As a major indicator of psychological well-being, a feeling of happi-

**Table 8 – 1 Survey Logistic Regression for Low Birth Weight for Children Aged 0 – 3 Years in China in 2010, CFPS**

| Covariates | Model 1 | | Model 2 | | Model 3 | |
|---|---|---|---|---|---|---|
| | *Odds Ratio* | *S. E.* | *Odds Ratio* | *S. E.* | *Odds Ratio* | *S. E.* |
| Resident Type (urban intact as ref) | | | | | | |
| Rural intact family | 2.088 | 1.042 | 1.721 | 0.872 | 1.595 | 0.792 |
| Left-behind children | 2.277† | 1.100 | 2.180 | 1.149 | 2.019 | 1.049 |
| Migrant children | 1.297 | 0.778 | 1.367 | 0.880 | 1.300 | 0.839 |
| Single/No parent family | 8.292** | 6.056 | 7.043* | 5.922 | 6.174* | 5.526 |
| Male | | | 0.763 | 0.184 | 0.779 | 0.188 |
| Han ethnicity | | | 0.390† | 0.212 | 0.414† | 0.218 |
| Mother's birth age | | | | | | |
| 25 to 35 | | | 0.539** | 0.126 | 0.536** | 0.126 |
| Over 35 | | | 1.229 | 0.544 | 1.106 | 0.497 |
| Family Poverty | | | | | 1.489 | 0.378 |
| Intercept | 0.048 | 0.019 | 0.163 | 0.093 | 0.151 | 0.086 |
| *N* | 1495 | | 1489 | | 1480 | |
| Model Fit | F(4153) = 2.31 | | F(8149) = 2.98 | | F(9148) = 2.76 | |

Note: Models 1, 2, and 3 are for children aged 0 to 3 years. Models are weighted, with 162 PSUs and 6 strata.

† $p<0.10$, * $p<0.05$, ** $p<0.01$.

ness has been associated with children's demographic characteristics as well as various features of family and social contexts (Ren & Treiman, 2013). We have shown that rural children are not as happy as children in urban areas. In order to understand different factors' unique contributions to happiness, we ran a series of multiple logistic regressions, adjusting for children's demographic characteristics, family poverty level, and caregiver parenting behavior. As information on parenting behavior is only collected for 11-year-old children, our sample for the models is restricted to these children.

As Models 1, 2, and 3 in Table 8 – 2 demonstrate, rural children-both the children from rural intact families and left-behind children-feel less happy than their urban counterparts, even after controlling for their demographic characteristics, family poverty, and mother's education. Rural children, including left-behind children, are only 40 percent as likely to be happy as children in urban intact families. Socioeco-nomic status of a family has no significant impact on children's feelings of happiness.

**Table 8 – 2 Survey Logistic Regression Model for Sense of Happiness for Children in China in 2010, CFPS**

| Covariates | Model 1 | | Model 2 | | Model 3 | | Model 4 | |
|---|---|---|---|---|---|---|---|---|
| | *Odds Ratio* | *S. E.* | *Odds Ratio* | *S. E.* | *Odds Ratio* | *S. E.* | *Odds Ratio* | *S. E.* |
| Resident Type (urban intact as ref) | | | | | | | | |
| Rural intact family | 0.359** | 0.136 | 0.369* | 0.141 | 0.404** | 0.158 | 0.446† | 0.202 |
| Left-behind children | 0.367* | 0.154 | 0.363* | 0.152 | 0.390** | 0.160 | 0.517 | 0.233 |
| Migrant children | 0.515 | 0.327 | 0.481 | 0.308 | 0.491 | 0.319 | 0.537 | 0.435 |
| Single/No parent family | 0.800 | 0.661 | 0.872 | 0.714 | 0.895 | 0.739 | 0.757 | 0.655 |
| Child male | | | 0.776 | 0.167 | 0.776 | 0.172 | 0.899 | 0.229 |
| Han ethnicity | | | 1.159 | 0.516 | 1.087 | 0.491 | 0.701 | 0.375 |
| Family poverty | | | | | 0.754 | 0.261 | 1.049 | 0.393 |
| Mother high school | | | | | 1.193 | 0.567 | 0.726 | 0.346 |
| Parenting behavior | | | | | | | | |
| Encourage | | | | | | | 2.662** | 0.503 |
| Engage | | | | | | | 1.304† | 0.193 |
| Interact | | | | | | | 1.465† | 0.289 |
| Intercept | 11.354 | 4.197 | 11.480 | 7.269 | 11.835 | 8.304 | 17.696 | 13.987 |
| *N* | 571 | | 571 | | 571 | | 566 | |
| Model Fit | F(4153) = 2.22 | | F(6151) = 1.55 | | F(8149) = 1.25 | | F(11146) = 4.40 | |

Note: Models 1, 2, 3, and 4 are for children 11 years old. Models are weighted, with 162 PSUs and 6 strata. †$p < 0.10$, *$p < 0.05$, **$p < 0.01$.

Model 4 shows that the coefficients for children of rural intact families and left-behind children become less significant when we add parenting behavior to the model. Among the three aspects of parenting behavior, parental encouragement is most relevant to children's sense of happiness, followed by parental interaction with children. Children with more supportive parents (1 unit increase of factor score) are 2.7 times more likely to feel happy than those with less supportive parents. To some extent then, the plight of rural children can be attributed to their caregivers' lack of positive parenting behavior.

## Social Well-being: Social Skills

Whether children and adolescents have good interpersonal relationships is a direct reflection of their social well-being. We learned earlier that a significantly lower percentage of rural children consider themselves as having good interpersonal relationships. In the multiple logistic regression models shown in Table 8 – 3, we examined the unique association between resident type, family poverty, parenting behavior, and a child's interpersonal skills, controlling for children's demographic characteristics.

The results demonstrate that even after controlling for demographic characteristics, children in rural families, children in single/no parent families, and migrant children show a significant lack of good interpersonal skills when compared to children in urban intact families. The situation is especially dire for children in single/no parent families, whose odds of having good interpersonal skills are less than 10 percent of those for children in urban intact families.

**Table 8 – 3 Survey Logistic Regression Model for Social Skills for Children in China in 2010, CFPS**

| Covariates | Model 1 | | Model 2 | | Model 3 | | Model 4 | |
|---|---|---|---|---|---|---|---|---|
| | *Odds Ratio* | *S. E.* | *Odds Ratio* | *S. E.* | *Odds Ratio* | *S. E.* | *Odds Ratio* | *S. E.* |
| Resident Type (urban intact as ref) | | | | | | | | |
| Rural intact family | 0.340** | 0.132 | 0.357** | 0.130 | 0.445* | 0.167 | 0.438* | 0.161 |
| Left-behind children | 0.399† | 0.207 | 0.388† | 0.200 | 0.463 | 0.244 | 0.489 | 0.242 |
| Migrant children | 0.274* | 0.143 | 0.249* | 0.135 | 0.258* | 0.143 | 0.234* | 0.132 |
| Single/No parent family | 0.095** | 0.063 | 0.103** | 0.067 | 0.109** | 0.074 | 0.087** | 0.067 |
| Child male | | | 0.728 | 0.181 | 0.741 | 0.191 | 0.713 | 0.188 |
| Han ethnicity | | | 1.688* | 0.426 | 1.490† | 0.340 | 1.133 | 0.266 |
| Family Poverty | | | | | 0.587* | 0.155 | 0.625† | 0.164 |
| Mother high school | | | | | 2.089 | 0.952 | 1.665 | 0.790 |
| Parenting Behavior | | | | | | | | |
| Encourage | | | | | | | 1.339† | 0.208 |
| Engage | | | | | | | 1.029 | 0.134 |
| Interact | | | | | | | 1.387† | 0.233 |
| Intercept | 5.291 | 1.859 | 4.046 | 1.768 | 3.927 | 1.785 | 5.385 | 2.416 |
| *N* | 571 | | 571 | | 571 | | 566 | |
| Model Fit | F(4153) = 4.47 | | F(6151) = 3.96 | | F(8149) = 3.55 | | F(11146) = 3.15 | |

Note: Models 1, 2, 3 and 4 are for children aged 11. Models are weighted, with 162 PSUs and 6 strata. † $p < 0.10$, * $p < 0.05$, ** $p < 0.01$.

Family poverty is negatively associated with strong interpersonal relationships among children. In this domain, positive parenting behaviors, especially encouragement and interaction, are associated with better outcomes. For rural intact and left-behind children, adding parenting behavior and family poverty to the model reduces the significance levels of the odds ratios and increases their magnitudes.

This indicates that for rural children, a lack of supportive parenting and family poverty may be major causes of their poorer interpersonal relationships.

## Cognitive Well-being: Math and Vocabulary Test Scores

Vocabulary and math tests administered to children in the CFPS survey are intended to assess their cognitive development levels. High test scores indicate high levels of cognitive well-being. Our bivariate analysis in Section 6 reveals a disparity between rural and urban children. The multiple linear regression models below investigate the unique association between rural residence, family poverty, parenting behavior, and cognitive test scores after controlling for children's demographic characteristics.

Our results (see Tables 8 – 4 and 8 – 5) show that after controlling for demographic variables, rural children and left-behind children tend to have lower math and vocabulary scores than children of urban intact families. Family poverty level and mother's education level are also significant predictors of vocabulary and math test scores. When parental behavior variables are added to the model, the effect of mother's education becomes insignificant for both tests. Instead, we find significant effect of positive parenting behavior, especially parental encouragement, on children's test scores.

As noted above, it is noteworthy that migrant children have significantly better vocabulary test scores than even children of urban intact families, although their math test scores are not much different than those of urban children.

**Table 8 – 4 Survey Linear Regression Model for Vocabulary Test Scores for Children in China in 2010, CFPS**

| Covariates | Model 1 | | Model 2 | | Model 3 | | Model 4 | |
|---|---|---|---|---|---|---|---|---|
| | *Odds Ratio* | *S. E.* | *Odds Ratio* | *S. E.* | *Odds Ratio* | *S. E.* | *Odds Ratio* | *S. E.* |
| Resident Type (urban intact as ref) | | | | | | | | |
| Rural intact family | −2.998* | 1.159 | −2.690* | 1.105 | −1.754 | 1.150 | −1.904† | 1.039 |
| Left-behind children | −2.281† | 1.264 | −2.354† | 1.249 | −1.528 | 1.257 | −1.661 | 1.233 |
| Migrant children | 3.778** | 1.245 | 3.577** | 1.248 | 3.803** | 1.275 | 3.432** | 1.231 |
| Single/No parent family | −2.674 | 2.135 | −2.420 | 2.015 | −2.214 | 1.923 | −2.788 | 1.721 |
| Child male | | | −0.956 | 0.664 | −0.932 | 0.653 | −0.657 | 0.648 |
| Han ethnicity | | | 3.741** | 1.297 | 3.209* | 1.246 | 2.446* | 1.090 |
| Family poverty | | | | | −2.315* | 0.949 | −1.701† | 0.894 |
| Mother high school | | | | | 1.815† | 0.999 | 1.105 | 1.018 |
| Parenting behavior | | | | | | | | |
| Encourage | | | | | | | 2.372** | 0.436 |
| Engage | | | | | | | 0.376 | 0.467 |
| Interact | | | | | | | −0.597 | 0.424 |
| Intercept | 21.169 | 0.952 | 18.420 | 1.704 | 20.200 | 1.844 | 20.214 | 1.679 |
| *N* | 571 | | 571 | | 571 | | 566 | |
| R-squared | 0.059 | | 0.105 | | 0.132 | | 0.204 | |
| Model fit | F(4153) = 9.05 | | F(6151) = 6.99 | | F(8149) = 6.07 | | F(11146) = 8.67 | |

Note: Models 1, 2, 3 and 4 are for children aged 11. Models are weighted, with 162 PSUs and 6 strata. †$p < 0.10$, *$p < 0.05$, **$p < 0.01$.

In this section, we presented the results of multiple regression analysis. First, the results confirm that even after adjusting for children's demographic characteristics, the rural-urban disparity in child well-being persists. Second, they demonstrate the influence of economic and family contexts on the well-being of children. While family poverty influences children's social skills and vocabulary test scores, positive parenting has

a positive influence on most aspects of child well-being, especially children's psychological and social well-being. The results further reveal that the rural-urban disparity in child well-being is partly explained by the higher poverty level and less supportive parenting behavior in rural families.

**Table 8 – 5 Survey Linear Regression Model for Math Test Scores for Children in China in 2010, CFPS**

| Covariates | Model 1 | | Model 2 | | Model 3 | | Model 4 | |
|---|---|---|---|---|---|---|---|---|
| | *Odds Ratio* | *S. E.* | *Odds Ratio* | *S. E.* | *Odds Ratio* | *S. E.* | *Odds Ratio* | *S. E.* |
| Resident Type (urban intact as ref) | | | | | | | | |
| Rural intact family | -1.334** | 0.418 | -1.311** | 0.393 | -0.984* | 0.384 | -0.961* | 0.398 |
| Left-behind children | -1.369** | 0.477 | -1.367** | 0.468 | -1.073* | 0.443 | -1.021* | 0.499 |
| Migrant children | 0.156 | 0.708 | 0.276 | 0.695 | 0.374 | 0.700 | 0.342 | 0.673 |
| Single/No parent family children | -1.067 | 0.715 | -1.255† | 0.675 | -1.143 | 0.711 | -1.324† | 0.703 |
| Child male | | | 0.418 | 0.280 | 0.454 | 0.280 | 0.583* | 0.288 |
| Han ethnicity | | | 1.016** | 0.370 | 0.890* | 0.361 | 0.549 | 0.341 |
| Family poverty | | | | | -0.311 | 0.325 | -0.001 | 0.280 |
| Mother high school | | | | | 0.961* | 0.405 | 0.621 | 0.429 |
| Parenting behavior | | | | | | | | |
| Encourage | | | | | | | 0.846* | 0.218 |
| Engage | | | | | | | 0.245 | 0.212 |
| Interact | | | | | | | -0.061 | 0.226 |
| Intercept | 9.456 | 0.378 | 8.361 | 0.526 | 9.089 | 0.624 | 8.965 | 0.607 |
| *N* | 571 | | 571 | | 571 | | 566 | |
| R-squared | 0.035 | | 0.052 | | 0.065 | | 0.113 | |
| Model Fit | F(4153) = 3.47 | | F(6151) = 4.17 | | F(8149) = 3.68 | | F(11146) = 4.31 | |

Note: Models 1, 2, 3 and 4 are for children aged 11. Models are weighted, with 162 PSUs and 6 strata.

† $p<0.10$, * $p<0.05$, ** $p<0.01$.

# 9. Conclusion and Policy Implications

In this study, we examined different aspects of the well-being of children in China, including their developmental outcomes and their social and family contexts. In the section below, we discuss the findings, which we hope will help policymakers and stakeholders in child well-being identify the most vulnerable children in need of help.

Since rural and urban residency as established by the *hukou* system has been a major marker of socioeconomic status in China, we compared the well-being outcomes and social contexts of rural and urban children. The results reveal significant disparities between rural and urban children in multiple domains of well-being. A higher proportion of rural children are born with low birth weight. Rural children also lag behind urban children in social-emotional development. They tend to be less happy and have less confidence in their future. Rural children report having fewer good friends and lacking good social skills. Compared to urban children, rural children also have lower levels of educational achievement and cognitive development. They have lower scores on both math and vocabulary tests.

Consistent with their developmental deficits, many rural children have to grapple with multiple risk factors in their family, at school, and in their community. One out of four rural children lives below the poverty line of 1.6 dollars a day. More than half of preschool-age rural children

are not enrolled in preschool education. Due to their parents' lower education levels and lack of other resources, rural children receive much less academic support and help from their parents (such as providing a stimulating home environment, reading to children, and mentoring with homework). Moreover, many rural children are so-called "left-behind" children, with one or both parents having gone to work in urban areas. Over 15 percent of children in rural areas do not live with their parents, while another 15 percent of rural children have only one parent at home. Often in the care of elderly grandparents, left-behind children do not get as much academic and social support from their caregivers. They do not have as much confidence in their efficacy or in their future as urban and other rural children do. That said, children who migrate with their parents from rural to urban areas seem to do better that their rural counterparts in many developmental areas, including academic performance, although they do not fare as well as urban children. Still, like left-behind children, migrant children have far less confidence in their future than children in rural intact families and urban families, most likely due to the exclusionary policies and discriminatory practices in their host communities.

Our analysis identified that children living in single/no parent families are especially vulnerable to developmental risks, although they account for less than 5 percent of the child population. With their parent no space(s) either divorced, deceased, or unknown, they live with only one parent or other kin caregivers. Many of these children have low birthweight, and their family economic and living conditions are poorer than other groups of children, including left-behind children. A much higher proportion of these children feel depressed and unhappy and lack confidence in their future. They also lag behind other groups of children in areas like having good social skills and interpersonal relationships. Most of

these children live in rural areas; and many are left behind by the remaining parent who migrates to urban areas in search of jobs.

While the proximal causes of rural-urban disparity in child well-being can be found in differences in living conditions, parenting style, family functioning, and community contexts, the ultimate cause can be traced to national policies and practices discussed in Section 2. Although a signatory to the UN Convention on the Rights of the Child, China still needs to restructure many current government policies and practices in order to promote the best interests and well-being of children.

We have pointed out that the plight of rural children, in particular those left behind by their migrant parents and children who migrate to urban areas with their parents, stems to a significant extent from the exclusionary policies and practices against rural residents and migrants that are based on the household registration (*hukou*) system. Although regional practices may differ, large numbers of rural migrants in cities are denied access to social services, such as poverty relief, low-income housing, health care, and enrollment of their children in urban public schools (see Huang, 2012; Pong, 2014). Therefore, migrants are often forced to leave their children behind in rural areas. Otherwise, they would have to enroll their children in low-quality migrant schools that lack government financial support. Therefore, an obvious most paramount task is abolishing the policies that exclude migrant workers and integrating migrant schools and migrant children into the public school system. This will require central and local governments to make both political and financial commitments to the proper education of migrant children, which has been neglected in many urban areas. With enrollment of migrant children in urban public schools and access to other urban resources, the number of left-behind children should decrease as children are able to migrate with their parents. In "Opinions on Further Promoting

Reform of the Household Registration System," promulgated by the State Council in 2014, the Chinese central government set the goal of establishing an integrated resident registration system based on current residence by 2020 in place of the rigid discriminatory *hukou* system (State Council, 2014). The other goal is to enable 100 million rural migrants and other permanent residents in urban areas to become urban residents entitled to equitable public services as local residents by the year 2020. If these goals can be realized, migrant children in urban areas will benefit from enrollment in local public schools and access to other social services.

For rural children in general, many researchers have noted government underinvestment in public schooling and have recommended increasing investment in human capital in rural areas (Heckman, 2005). In Section 2, we discussed the unintended adverse effects of rural school consolidation policies on the well-being of children and their families. As a result of the consolidation, rural children either have to travel longer distances to school or become boarders in school at a very young age. Although the consolidation policy was suspended a few years ago, damage may have been done to the long-term well-being of some of these rural children. Despite declining enrollment and a financial shortfall, local governments should carefully balance the short-term cost savings of school consolidation against its possible short and long-term adverse effect on the well-being of rural children. To prevent such measures from compromising rural students' access to education and their academic achievement, local governments should invest in student transportation, school facilities, and teacher training and compensation to improve the quality of public schooling for rural children.

Besides boosting rural public schools, one other measure that can improve the well-being of rural children and redress the rural-urban disparity is the provision of early childhood education for rural children. The

short-and long-term benefits of preschool programs, especially for children from disadvantaged families, have been reported in the US and other developed countries (Duncan & Magnuson, 2013). Local governments can improve the availability and affordability of high quality kindergartens and nurseries by formulating licensing and operational standards of child care centers, providing training to caregivers, and offering childcare assistance to rural families. Rural children, especially those from left-behind and single/no parent families, consistently lag behind their urban counterparts in the domains of family environment and parental involvement. Due to income constraints and lower education of parents, rural children tend to have much less cognitively stimulating home environments and parents with fewer positive parenting skills. High-quality early childhood education programs that incorporate both cognitive and non-cognitive elements in their curriculum can substitute for an enriched home environment and promote children's cognitive and socio-emotional skills.

In addition to rural-urban gaps in academic achievement, we have noted developmental deficits among rural children in physical health and socio-emotional well-being. For children who are left-behind by their parents and children from single/no parent families, the needs for adequate health care and socio-emotional enrichment are especially acute. However, China still lacks an integrated child welfare system with the resources and manpower to serve the various needs of vulnerable children and families. We recommend that local governments in regions where vulnerable children are concentrated set up an agency with professional personnel dedicated to coordinating the provision and delivery of various services to these children and families. In recent years, there have been efforts in some rural communities to assign a dedicated person, called a "child welfare supervisor," to work with vulnerable children and their caregiv-

ers(China Philanthropy Research Institute, 2013). Among the many duties of the child welfare supervisor are identifying children and families with special needs, assisting them in obtaining necessary services from different agencies, and teaching parents and caregivers proper parenting skills. Unfortunately, most of these child welfare workers in rural communities do not have professional training in child development or social work. Therefore, the children's needs for socio-emotional competency are often not addressed. Besides intervention efforts in the rural communities, rural boarding schools are another major setting where effective measures can be taken to meet the socio-emotional needs of children. These schools should retain the services of social workers who are trained in school social work and student counseling. They will not only assist students with children's social and emotional difficulties but also make home visits to counsel caregivers in proper parenting. Besides the service of school social workers, students in rural schools would also benefit if universal social-emotional learning programs are incorporated in their learning experiences(Durlak et al., 2011). Many such programs have been successful in improving the social-emotional competencies of the students in the US.

Despite the broad coverage of our report on child well-being, we should note the limitations of the data and our report findings. First, some of the indicators such as BMI and low birthweight are based on caregiver reports that can be affected by recall bias. Onsite measurements of children's height and weight and birthweight from birth records should produce more accurate information than caregiver reports. Second, we lack detailed information on some important aspects of child development and surroundings. We would like to have more data on children's behavioral problems and their experience of victimization in both home and school settings. We would also like the CFPS survey to collect additional

data on family functioning (such as domestic conflicts) and on schools (such as class size and facilities).

CFPS is the only national survey data that collects detailed information on a representative sample of children in China. This enables us to examine the well-being of children from different aspects and in multiple contexts. So far as we know, this report is the most comprehensive in examining the well-being of the children in China. However, because this report is based on the first wave of CFPS data that was collected in 2010, its findings may not be completely applicable to the conditions of children today. Since CFPS is an ongoing longitudinal survey, it will be important to update the report findings with the latest CFPS data on child well-being. This will not only reveal the current conditions of children in China but also demonstrate the temporal change in various aspects of child well-being.

# References

## 中文文献

蔡志良、孔令新，2014，《撤点并校运动背景下乡村教育的困境与出路》，《清华大学教育研究》第35卷第2期，第114~119页。

陈文、蒋虹丽、黄韻宇，2009，《城市儿童医疗保障的演变与发展现况分析》，《中国卫生政策研究》第2卷第2期，第18~23页。

褚卫中、张玉慧，2012，《农村义务教育“撤点并校”负面影响分析》，《教学与管理》第7期，第10~12页。

崔多立，2012，《应重新评估农村“撤点并校”的实效——黑龙江省农村学校布局调整后的调查》，《教育探索》第3期，第86~87页。

丁明秀，2012，《农民工子女随迁入学的制度性障碍与保障》，《中国农学通报》第28卷第2期，第157~160页。

段成荣、吕利丹、王宗萍、郭静，2013，《我国流动儿童生存和发展：问题与对策》，《南方人口》第28卷第4期，第44~55页。

21世纪教育学院，2013，《农村教育向何处去：对农村撤点并校政策的评价与反思》，北京理工大学出版社。

樊丽明、解垩、尹琳，2009，《农民参与新型农村合作医疗及满意度分析——基于3省245户农户的调查》，《山东大学学报》（哲学社会科学版）第1期，第52~57页。

范铭、郝文武，2011，《对农村学校布局调整三个“目的”的

反思——以陕西为例》，《北京大学教育评论》第9卷第2期，第178~187页。

范先佐、郭清扬，2009，《我国农村中小学布局调整的成效、问题及对策——基于中西部地区6省区的调查与分析》，《教育研究》第348期，第31~38页。

方亮、刘银，2013，《农村小学“撤点并校”的成效与困境分析》，《西南石油大学学报》(社会科学版) 第15卷第3期，第36~41页。

郭于华、黄斌欢，2014，《世界工厂的“中国特色”：新时期工人状况的社会学鸟瞰》，《社会》第34卷第4期，第49~66页。

国家统计局，2015，《2014年全国农民工监测调查报告》，http://www.stats.gov.cn/tjsj/zxfb/201504/t20150429_797821.html。

国家统计局住户调查办公室，2015，《中国农村贫困监测报告(2015)》，中国统计出版社。

国务院妇女儿童工作委员会办公室、国家统计局社会科技和文化产业统计司、联合国儿童基金会，2014，《中国儿童发展指标图集（2014）》，http://www.unicef.cn/cn/uploadfile/2015/0323/20150323031107419.pdf。

《国务院关于进一步推进户籍改革的意见》(国发〔2014〕25号)，http://www.gov.cn/zhengce/content/2014-07/30/content_8944.htm。

胡宁、方晓义、蔺秀云，2009，《北京流动儿童的流动性、社交焦虑及对孤独感的影响》，《应用心理学》第2期，第166~176页。

柯梦圆、徐璐、张秀先，2015，《撤点并校加剧农村教育空心化》，《知识经济》第5期，第27~28页。

雷万鹏，2010，《义务教育学校布局：影响因素与政策选择》，《华中师范大学学报》(人文社会科学版) 第49卷第5期，第155~160页。

李盼强、曾尔琴、杨国辉，2012，《公平与效益的博弈——关

于中部地区农村中小学撤点并校的调查与反思》，《湖南人文科技学院学报》第4期，第103~108页。

刘云德、王胜今、尹豪、古清中，1988，《独生子女与非独生子女比较研究调查报告》，《人口学刊》第3期，第17~21页。

吕萍、谢宇，2013，《中国家庭追踪调查2010年基线调查权数计算》（第二版），载北京大学中国社会科学调查中心编《中国家庭追踪调查技术报告系列（CFPS－17）》，http://www.isss.edu.cn/CFPS/wd/jsbg/2010jsbg/。

罗晓明，2005，《经济发达地区流动人口子女学校学生基本健康状况调查》，《医学文选》第24卷第6期，第890~891页。

马佳宏、卢梅春、李良，2011，《新一轮农村中小学布局调整的成效与问题分析——基于广西的调查与思考》，《广西师范大学学报》（哲学社会科学版）第47卷第2期，第89~93页。

马瑞、徐志刚、仇焕广、白军飞，2011，《农村进城就业人员的职业流动、城市变换和家属随同状况及影响因素分析》，《中国农村观察》第1期，第2~19页。

潘珊，2014，《中国留守儿童现状的调研报告——基于东中西部的对比分析》，《中南财经政法大学研究生学报》第2期，第33~40页。

全国妇联课题组，2013，《我国农村留守儿童、城乡流动儿童状况研究报告》，http://acwf.people.com.cn/n/2013/0510/c99013－21437965.html。

单丽卿、王春光，2015，《“撤点并校”的政策逻辑》，《浙江社会科学》第3期，第84~96页。

陶青、卢俊勇，2011，《农村小班化教学：促进城乡教育均衡发展的有效途径——“撤点并校”十年后的调查》，《教育理论与实践》第10期，第24~26页。

万明钢，2009，《以促进教育公平和教育均衡发展的名义——我国农村“撤点并校”带来的隐忧》，《教育科学研究》第10期，

第 19～20 页。

王红漫、顾大男、杜远举、邓喜先、王宏艳，2007，《新型农村合作医疗参与、满意度及持续性的影响因素分析》，《中国人口科学》第 5 期，第 42～49 页。

王瑞敏、邹泓，2010，《北京市流动儿童主观幸福感的特点》，《中国心理卫生杂志》第 24 卷第 2 期，第 131～134 页。

卫生部，2012，《中国 0～6 岁儿童营养发展报告（2012）》，http://wenku. baidu. com/link? url = 3piNs2AffygJqMDIyMFHh7vkMdrkS9XVcsq_ft5kgPw1Ve8W4O_2NC8RCJAW8wtE2nZrex-rPpLv57KauaQUH7QlSVCGxCarpWupZydkpou。

谢宇、邱泽奇、吕萍，2012，《中国家庭追踪调查抽样设计》，载北京大学中国社会科学调查中心编《中国家庭追踪调查技术报告系列（CFPS－1）》，http://www. isss. edu. cn/cfps/d/file/wd/jsbg/2010jsbg/c70c703752f7f6f24e27b5a8a85c1cba. pdf。

新公民计划，2014，《中国流动儿童数据报告》，http://vdisk. weibo. com/s/cUAqwRk-ow3o? sudaref = www. ngocn. net。

熊春文，2009，《20 世纪 90 年代末以来中国乡村教育的新趋向》，《社会学研究》第 5 期，第 110～140 页。

徐国英，2013，《农村中小学撤点并校政策价值分析》，《教育理论与实践》第 32 卷第 31 期，第 21～24 页。

姚兆余、张蕾，2013，《新型农村合作医疗制度模式对农民就医行为的影响》，《南京农业大学学报》（社会科学版）第 13 卷第 1 期，第 95～102 页。

张果、曾永明，2013，《城乡分割、城乡一体与农村人口发展》，《四川师范大学学报》（社会科学版）第 40 卷第 6 期，第 80～87 页。

张伟源、覃玉宇、吴俊端，2010，《南宁市 536 名流动儿童行为问题分析》，《中国学校卫生》第 1 期，第 60～61 页。

赵贞、邬志辉，2015，《撤点并校带来的乡村文化危机》，《现代中小学教育》第 31 卷第 1 期，第 11～15 页。

郑磊、吴映雄，2014，《劳动力迁移对农村留守儿童教育发展的影响——来自西部农村地区调查的证据》，《北京师范大学学报》（社会科学版）第2卷第2期，第139~146页。

中国儿童福利示范项目协调办公室、北京师范大学中国公益研究院儿童福利研究中心，2013，《中国儿童福利示范项目中期评估报告》（内部资料）。

中国科学院，2012，《2012中国可持续发展战略报告》，http:/www.chinanews.com/gn/2012/03-12/3737442.shtml。

中华人民共和国国家统计局编，2011，《中国统计年鉴》（2011），中国统计出版社。

邹泓、屈智勇、张秋凌，2005，《中国九城市流动儿童发展与需求调查》，《青年研究》第2卷第3期，第1~7页。

**英文文献**

Bandura, A. (1989). Social cognitive theory. In R. Vasta (eds.), *Annals of child development. Vol. 6. Six theories of child development.* Greenwich, CT: JAI Press.

Becker, Gary. (1981). *A treatise on the family.* Cambridge, MA: Harvard University Press.

Bornstein, M. H., & Bradley, R. H., eds. (2012). *Socioeconomic status, parenting, and child development.* New York, NY: Routledge Press.

Bradley, R. H., & Corwyn, R. E. (2002). Socioeconomic status and child development. *Annual Review of Psychology*, 53: 371-399.

Breslau, J., Lane, M., Sampson, N., & Kessler, R. C. (2008). Mental disorders and subsequent educational attainment in a US national sample. *Journal of Psychiatric Research*, 42(9):708-716.

Bronfenbrenner, U. (1979). Contexts of child rearing: Problems and prospects. *American Psychologist*, 34(10): 844-850.

Chan, A. (2009). *Paying the price for economic development: The*

*children of migrant workers in China*. Hong Kong: China Labor Bulletin.

Chan, K. -W., & Zhang, L. (1999). The *hukou* system and rural-urban migration in China: Processes and changes. *The China Quarterly*, 160:818 - 855.

Chan, W. K., & Buckingham, W. (2008). Is China abolishing the *hukou* system? *The China Quarterly*, 195:582 - 606.

Chen, X., Huang, Q., Rozelle, S., Shi, Y., & Zhang, L. (2009). Effect of migration on children's educational performance in rural China. *Comparative Economic Studies*, 51(3):323 - 343.

Conger, R. D., Conger, K. J., & Martin, M. (2010). Socio-economic status, family processes, and individual development. *Journal of Marriage and Family*, 72: 686 - 705.

Cunha, F., & Heckman, J. J. (2010). Investing in our young people(National Bureau of Economic Research working paper). Retrieved from NBER website: http://www.nber.org/papers/w16201.

Dollar, D. (2007). Poverty, inequality, and social disparities during China's economic reform. World Bank Policy Research Working Paper. Retrieved from: https://www.nlsinfo.org/content/cohorts/nlsy79/other-documentation/codebook-supplement/nlsy79-appendix-21-attitudinal-scales.

Dornbusch, S. M., Ritter, P. L., Leiderman, P. H., Roberts, D. F., & Fraleigh, M. J. (1987). The relation of parenting style to adolescent school performance. *Child Development*, 58(5): 1244 - 1257.

Duncan, G. J., & Magnuson, K. (2013). Investing in preschool programs. *Journal of Economic Perspectives*, 27(2): 109 - 132.

Durlak, J. A., Weissberg, R. P., Dymnicki, A. B., Taylor, R. D., & Schellinger, K. B. (2011). The impact of enhancing students' social and emotional learning: A meta-analysis of school-based universal interventions. *Child Development*, 82(1): 405 - 432.

Fan, F., Su, L., Gill, M. K., & Birmaher, B. (2010). Emotional and behavioral problems of Chinese left-behind children: A preliminary study. *Social Psychiatry and Psychiatric Epidemiology*, 45(6): 655 - 664.

Festini, F., & de Martino, M. (2004). Twenty five years of the one child family policy in China. *Journal of Epidemiology and Community Health*, 58(5): 358 - 360.

Fong, V. L. (2002). China's one-child policy and the empowerment of urban daughters. *American Anthropologist*, 104(4): 1098 - 1109.

Green, J. G., Gruber, M. J., Sampson, N. A., Zaslavsky, A. M., & Kessler, R. C. (2010). Improving the K6 Short Scale to predict serious emotional disturbance in adolescents in the USA. *International Journal of Methods in Psychiatric Research*, 19(1): 23 - 35.

Hamoudi, A., Murray, D. W., Sorensen, L., & Fountaine, A. (2014). Self-regulation and toxic stress: A review of ecological, biological, and developmental studies of self-regulation and stress. In *OPRC Report #2015 - 30*. Washington, DC: U. S. Department of Health and Human Services.

Heckman, J. J. (2005). China's investment in human capital. *China Economic Review*, 16: 50 - 70.

Heckman, J. J., Moon, S. H., Pinto, R., Savelyev, P. A., & Yavitz, A. (2010). The rate of return to the high scope perry preschool program. *Journal of Public Economics*, 94(1): 114 - 128.

Henrich, C., & Gadaire, D. (2008). Head start and parental involvement. *Infants and Young Children*, 21(1): 56 - 69.

Huang, Y. (2012). Low-income housing in Chinese cities: Policies and practices. *The China Quarterly*, 212: 941 - 964.

Jin, L., Wen, M., Fan, J., & Wang, G. (2012). Trans-localties, local ties and psychological well-being among rural-to-urban migrants in Shanghai. *Social Science and Medicine*, 75(2): 288 - 296.

Johnson, J. G. , Cohen, P. , Smailes, E. M. , Skodol, A. E. , Brown, J. , & Oldham, J. M. (2001). Childhood verbal abuse and risk for personality disorders during adolescence and early adulthood. *Comprehensive Psychiatry*, 42(1): 16 – 23.

Kramer, M. S. (1987). Determinants of low birth weight: Methodological assessment and meta-analysis. *Bulletin of the World Health Organization*, 65(5): 663 – 737.

Lei, X. , & Lin, W. (2009). The new cooperative medical scheme in rural China: Does more coverage mean more service and better health? *Health Economics*, 18(2): S25.

Linver, M. R. , Brooks-Gunn, J. , & Kohen, D. E. (2002). Family process as pathways from income to young children's development. *Developmental Psychology*, 38(5): 719 – 734.

Maier, E. H. , & Lachman, M. E. (2000). Consequences of early parental loss and separation for health and well-being in midlife. *The International Journal of Behavioral Development*, 24(2): 183 – 189.

Meng, Q. , Xu, L. , Zhang, Y. , Qian, J. , Cai, M. , Xin, Y. , & Barber, S. L. (2012). Trends in access to health services and financial protection in China between 2003 and 2011: A cross-sectional study. *The Lancet*, 379(9818): 805 – 814.

Moore, K. A. , Theokas, C. , Lippman, L. , Bloch, M. , Vandivere, S. , & O'Hare, W. (2008). A microdata child well-being index: Conceptualization, creation, and findings. *Child Indicators Research*, 1: 17 – 50.

Ogden, C. L. , Carroll, M. D. , Kit, B. K. , & Flegal, K. M. (2014). Prevalence of childhood and adult obesity in the United States, 2011 – 2012. *Journal of the American Medical Association*, 311(8): 806 – 814.

Pong, M. (2014). *Educating the children of migrant workers in Beijing: Migration, education and policy in urban China*. New York, NY:

Routledge.

Qian, X., & Smyth, R. (2008). Measuring regional inequality of education in China: Widening coast-inland gap or widening rural-urban gap? *Journal of International Development*, 20(2): 132 - 144.

Ren, Q., & Treiman, D. J. (2016). The consequences of parental labor migration in China for children's emotional well-being. *Social Science Research*, 58: 46 - 67.

Ren, X. (2013). *Urban China*. Cambridge, UK; Malden, MA: Polity Press.

Reynolds, A., Temple, J., & Ou, S. (2011). School-based early childhood education and age-28 well-being: Effects by timing, dosage, and subgroups. *Science*, 333(6040): 360 - 364.

Rosenzweig, M. R., & Zhang, J. (2009). Do population control policies induce more human capital investment? Twins, birth weight and China's "one-child" policy. *The Review of Economic Studies*, 76(3): 1149 - 1174.

Sampson, R. J. (2003). The neighborhood context of well-being. *Perspectives in Biology and Medicine*, 46: S53 - S73.

Shonkoff, J. P., & Phillips, D. A. (Eds.) (2000). *From neurons to neighborhoods: The science of early childhood development*. Washington, DC: National Academies Press.

Stata Corp. (2013). *Stata survey data reference manual, release 13*. College Station, TX: Stata Corp LP.

Tang, F., & Qin, P. (2015). Influence of personal social network and coping skills on risk for suicidal ideation in Chinese university students. *PLoS One*, 10(3), e0121023. doi: 10. 1371/journal. pone. 0121023.

Vissing, Y. M., Straus, M. A., Gelles, R. J., & Harrop, J. W. (1991). Verbal aggression by parents and psychosocial problems of chil-

dren. *Child Abuse & Neglect*, 15(3):223 - 238.

Wagstaff, A., Lindelow, M., Wang, S., & Zhang, S. (2009). *Reforming China's rural health system*. Washington, DC: World Bank.

Wang, F. -L. (2005). *Organization through division and exclusion: China's hukou system*. Stanford, CA: Stanford University Press.

Wang, F. -L. (2010). Renovating the great floodgate: The reform of China's *hukou* system. In Martin King Whyte (Ed.), *One country, two societies: Rural-urban inequality in contemporary China* (pp. 335 - 364). Cambridge, MA: Harvard University Press.

Weiss, H. B., Caspe, M., & Lopez, M. E. (2006). *Family involvement in early childhood education*. Harvard Graduate School of Education, Harvard Family Research Project, Family involvement makes a difference research brief series No. 1, Spring 2006.

Wen, M., & Lin, D. (2012). Child development in rural China: Children left behind by their migrant parents and children of nonmigrant families. *Child Development*, 83(1): 120 - 136.

World Bank. (2005). *Insuring rural China: Rising to the challenge*. Retrieved from: http://documents. worldbank. org/curated/en/2005/05/6219702/rural-health-insurance-rising-challenge.

World Bank. (2015a). *China overview*. Retrieved from: http://www. worldbank. org/en/country/china/overview.

World Bank. (2015b). *East Asia's changing urban landscape: Measuring a decade of spatial growth*. Retrieved from: http://www. worldbank. org/content/dam/Worldbank/Publications/Urban% 20Development/EAP_Urban_Expansion_full_ report_web. pdf.

Xiang, B. (2007). How far are the left-behind left behind? A preliminary study in rural China. *Population Space and Place*, 13(3): 179 - 191.

Ye, J., Wang, C., Wu, H., He, C., & Liu, J. (2013). Internal migration and left-behind populations in China. *The Journal of Peas-*

*ant Studies*, 40(6): 1119 – 1146.

Yeung, W. J., Linver, M. R., & Brooks-Gunn, J. (2002). How money matters for young children development: Parental investment and family process. *Child Development*, 73(6): 1861 – 79.

Yi, H., Zhang, L., Luo, R., Shi, Y., Mo, D., Chen, X., Brinton, C., & Rozelle, S. (2012). Dropping out: Why are students leaving junior high in China's poor rural areas? *International Journal of Educational Development*, 32(4): 555 – 563.